Para mi hermoso Primoso
con aprecio y
cariño

Nohelia Rendón
Dic 19/09

CULTIVAR LA ESPERANZA

SUE PATTON THOELE

CULTIVAR LA ESPERANZA

Sembrar semillas de cambio positivo en tu vida

EDAF

CRECIMIENTO INTERIOR

MADRID - MÉXICO - BUENOS AIRES - SAN JUAN - SANTIAGO

2004

Título del original: GROWING HOPE

© 2004. Sue Patton Thoele
© 2004. De la traducción: Pilar Cercadillo
© 2004. Conari Press
© 2004. De esta edición, Editorial EDAF, S. A, por acuerdo con Conari Press, un sello de Red Wheel/Weiser, LLC York Beach, ME (USA)

Diseño de cubierta: David Reneses

Editorial Edaf, S. A.
Jorge Juan, 30. 28001 Madrid
http://www.edaf.net
edaf@edaf.net

Edaf y Morales, S. A.
Oriente, 180, n.º 279. Colonia Moctezuma, 2da. Sec.
C.P. 15530. México D.F.
http://www.edaf-y-morales.com.mx
edafmorales@edaf.net

Edaf del Plata, S. A.
Chile, 2222
1227 Buenos Aires, Argentina
edafdelplata@edaf.net

Edaf Antillas, Inc.
Av. J. T. Piñero, 1594
Caparra Terrace
San Juan, Puerto Rico (00921-1413)
edafantillas@edaf.net

Edaf Chile, S. A.
Huérfanos, 1178 - Of. 506
Santiago, Chile
edafchile@edaf.net

Octubre 2004

Queda prohibida, salvo excepción prevista en la ley, cualquier forma de reproducción, distribución, comunicación pública y transformación de esta obra sin contar con la autorización de los titulares de propiedad intelectual. La infracción de los derechos mencionados puede ser constitutiva de delito contra la propiedad intelectual (art. 270 y siguientes del Código Penal). El Centro Español de Derechos Reprográficos (CEDRO) vela por el respeto de los citados derechos.

Depósito legal: M. 40.243-2004
ISBN: 84-414-1515-3

PRINTED IN SPAIN   IMPRESO EN ESPAÑA
Gráficas Cofás, S. A..

Para aquellos que
      tienen un compromiso
            con la integridad
En medio
      del caos
           la acritud
                y la ignorancia,
Gracias...

Para aquellos que
      avivan las ascuas
           de la compasión
con aceptación
      inclusión
           y servicio
                inquebrantables,
Gracias...

Vosotros sois
      los Portadores de la Luz.
Vosotros sois nuestra
      Esperanza...

Índice

	Págs.
AGRADECIMIENTOS	11
CAPÍTULO I. CULTIVAR LA ESPERANZA	13
¿Por qué se desgasta la esperanza? ...	15
Suscitar conscientemente la esperanza	20
CAPÍTULO II. SEMBRAR ESPERANZA	29
Recuperar la esperanza inmanente ...	30
Abrazar y transformar el dolor	34
Reparar y preparar el terreno de nuestro ser	46
Relajarnos para recibir y recuperarnos	58
CAPÍTULO III. EL CULTIVO DE LA ESPERANZA .	67
Escardar la maleza de nuestra mente ..	68
Enriquecer la actitud y la intención ...	79
Acceder a nuestro Yo a través de la soledad y la calma	88
CAPÍTULO IV. LA COSECHA DE LA ESPERANZA .	97
Dar poder al presente	98
Dar la bienvenida a los heraldos de la esperanza	109

	Págs.
Recolectar vislumbres de gracia	119
Dejar que brille nuestra luz	128

CAPÍTULO V. PROPAGAR LA ESPERANZA 139

Compartir los frutos	141
Ampliar el círculo	152

CAPÍTULO VI. REGAR LAS SEMILLAS DE LA ESPERANZA 159

Pensamientos sobre el amor y la inspiración	160
Pensamientos acerca del cuidado de uno mismo y la creatividad	165
Pensamientos sobre la entrega y la confianza	170
Pensamientos en torno a la aceptación y el perdón	175
Pensamientos sobre la gratitud y el gozo	178
Pensamientos sobre la esperanza y el aquí y el ahora	181

Agradecimientos

La creación de un libro es un proceso en el que participa mucha gente. He tenido la gran fortuna de contar con unos colaboradores magníficos y bondadosos en la tarea de hacer realidad *Cultivar la esperanza*.

Mil gracias a:

Jan Johnson, mujer brillante y Editora, en cuya compañía vio la luz por primera vez la idea de cultivar la esperanza.

Caroline Pincus, Comadrona del Libro y extraordinaria correctora, quien con suavidad y destreza dio la vuelta a mi manuscrito (que venía al revés) y lo ayudó a nacer sin dolor.

A las mujeres de Red Wheel/Conari: Jill Rogers, Robyn Heisey Rowe, Lucine Kasbarian, Laura Lee Mattingly, Kathleen Wilson Fivel, Liz Wood, Kate Hartke, Jennifer Brown y Emily Sauber por su maravillosa actitud y su apoyo en todos los sentidos.

Pam Suwinsky, Correctora de Estilo, a quien hay que atribuir todo el mérito de la pulida versión definitiva.

Brenda Knight, Señora de la Idea y Maga de las Ventas, fuente continua de inspiración y energía.

Michael Kerber, Presidente de Red Wheel/Weiser/Conari Press, hombre de negocios eficiente y sensible.

Aquellos ayudantes que siempre están presentes y que no se ven, sin los cuales yo no podría realizar este trabajo.

Judith Mangus, Mugs Holifield y Mary Banks, hermanas del alma, que me animan incesantemente y son tremendamente pacientes con mi periódico gimoteo.

Annabelle Woodard, Madre Espiritual, Mentora, Mística Experimental y Amiga querida, que es Mágica de una manera maravillosamente humana.

Mike, Brett, Paige, Lynnie, Josh, Alex, Grant, Shawn, Chad y Caitlin, que me enseñan acerca del amor, la risa y a no aferrarme.

Y, por supuesto, Gene Thoele, compañero, amante, amigo y humorista, quien, inquebrantablemente, hace que nuestra vida sea un lugar seguro y lleno de risa.

Capítulo I

Cultivar la esperanza

La esperanza es
        la dulce paloma
                de la paz.
Cuyas alas vuelven a poner en marcha
Mi corazón
        cuando titubea.

La autora

En nuestros días, la esperanza es un bien escaso. Si miramos alrededor, tal vez no encontremos demasiados motivos para sentirnos esperanzados. Pero lo cierto es que cada uno de nosotros lleva dentro de su corazón las semillas de la esperanza perdurable.

Cultivarlas es un trabajo interior. Y, al igual que cualquier otra cosa que merezca la pena cultivar —la felicidad, el éxito, la tranquilidad de espíritu, una familia llena de amor—, la esperanza necesita esfuerzo consciente y acción comprometida para poder arraigar profundamente en nuestro corazón y en nuestra alma. Incluso las semillas más resistentes pueden no germinar si están enterradas en el áspero terreno del dolor y el miedo. Pero he descubierto que con amor, voluntad y un poco de ayuda, todos tenemos la capacidad de crear un campo fértil dentro de nosotros, donde la esperanza pueda crecer, prosperar y, finalmente, propagarse hacia fuera para inspirar y animar a otras personas. La felicidad, la serenidad y las circunstancias pueden ayudar a sostener nuestros sentimientos de esperanza, pero no los crean. Somos nosotros quienes lo hacemos. Ya me parece estar oyendo murmurar a algunos de vosotros: «Qué lata».

Lo sé porque caí en un pozo de desesperanza, cavado por mí misma, cuando pensé por primera vez en la posibilidad de escribir este libro. Escuchaba refunfuñar unas voces interiores que me llenaban de dudas: «Vaya tema más importante. ¿Qué voy a decir yo que pueda servir de algo?». «Da igual lo que escriba, solo será una mera gota en un balde...»

Al hallarme bloqueada, traté conscientemente de estimular la esperanza poniendo en práctica muchas de las ideas, actitudes y actividades que pensaba incorporar en el libro, si es que alguna vez llegaba a empezar a escribirlo. Para conseguir arrancar, cada mañana me miraba en el espejo y me aseguraba a mí misma: «Puedes hacerlo. No tienes por qué estar sola... Relájate y deja que aflore lo que hay que decir». También diseñé un sencillo ritual para poner en práctica antes de sentarme frente al ordenador. Invitaba a mis ángeles y a mi musa a acompañarme y le pedía a mi pequeño yo que se quitara de en medio para que mi Yo superior —o la energía de Dios— pudiera circular a través de mí y ser de utilidad.

Afortunadamente, la esperanza, finalmente, echó raíces, y la inspiración y la excitación empezaron a reemplazar al miedo y la falta de confianza. El mayor impulso que recibí vino probablemente de una cita de Gandhi que encontré «casualmente»:

Casi todo lo que haces parece insignificante. Es muy importante que lo hagas. Tú debes ser el cambio que deseas ver en el mundo.

Y ese es el meollo de la cuestión, dicho muy sucintamente. Tenemos que crear dentro de nosotros aquellos cambios que anhelamos.

> *Si queremos un mundo lleno de esperanza y bondad, un mundo inclinado hacia el amor, necesitamos cultivar y nutrir esas cualidades dentro de nosotros mismos.*

¿Por qué se desgasta la esperanza?

Aquellos a quienes anima la esperanza pueden realizar cosas que parecerían imposibles a quienes se hallan bajo la influencia depresiva del miedo.

RACHEL ROBARDS JACKSON

En nuestros días, numerosas personas tienen la impresión de que una forma u otra de apocalipsis va a ascender por los escalones de sus casas y está a punto de llamar a sus puertas —o incluso de echarlas abajo—. Uno siente la tentación de enumerar las dificultades de nuestro mundo (personales y colectivas) y de increpar a aquellos a quienes creemos responsables, incluyéndonos nosotros mismos. Sin embargo, estoy convencida de que estas acciones son perjudiciales para nuestra sensación de bienestar y llevan inevitablemente a una desesperanza aún más profunda. No, en lugar de entretenernos con lo negativo, tenemos que trabajar para acentuar lo positivo.

Eso no significa que podamos eliminar totalmente aquello que experimentamos como negativo. Por supuesto que no podemos. Pero, antes de empezar a enfatizar lo positivo, es preciso que comprendamos las causas de la erosión de la esperanza y el crecimiento del desánimo. A mi modo de ver, existen cuatro factores:

1. El dolor personal

Aunque algunos de nosotros conservamos nuestros sentimientos de esperanza contra viento y marea, y parezca que nos deslicemos a través de las tragedias y reveses personales con la misma gracia de un patinador sobre hielo profesional, a muchas personas les deprime el dolor personal, llegando incluso a debilitarlos. Si encajas en esta última categoría, es preciso que sepas que la psicología y la ciencia médica están demostrando que deprimirse a causa del dolor no es señal de tener una personalidad defectuosa o una constitución endeble. Tiene más bien que ver con procesos de pensamiento poco disciplinados, hecho que se ve agravado por la alteración de nuestra composición física y química básica. La parte positiva de este descubrimiento es que podemos modificar nuestras inclinaciones naturales y aprender habilidades que nos permitan salir adelante con tranquilidad de espíritu, un mayor desarrollo personal y un incremento de nuestra felicidad.

Esta idea me ha guiado al escribir *Cultivar la esperanza*. Mi propósito es ayudarte a hacer de tu mente tu amiga, a crear respuestas constructivas al estrés, a fortalecer tu capacidad de adaptación mientras continúas honrando tu sensibilidad innata. Sé que estas nociones funcionan, porque al usarlas he renunciado al título de Gran Duquesa de la Preocupación y la Impaciencia (mi madre era la Eminente Emperadora) y me he convertido en una mera visitante ocasional de ese territorio. Y siento un gran alivio.

Renovar la esperanzar y recuperar la sensación de equilibrio y adecuación dentro de uno mismo pueden no ser tareas fáciles —desde luego que no lo son—, pero son sencillas. Como nos enseñan los árboles y plantas en primavera, la capacidad de florecer de nuevo está siempre presente. Y trae recompensas asombrosas para ti y para aquellos a los que amas.

2. La locura y la confusión mediáticas

Recientemente, mi hijo hizo una inmersión submarina para nadar entre tiburones. Como podéis imaginaros, no fue una excursión que mi yo-madre aprobara con entusiasmo. Él me dijo que no había ningún peligro puesto que la inmensa mayoría de los escualos ignoran a los insignificantes y pequeños humanos dentro del agua y salen disparados hacia la carnada muerta y sanguinolenta que los buzos guía esparcen en el mar. La semejanza con los medios de comunicación, dada su propensión a enfatizar la violencia, es bastante evidente.

En una reseña de la película de Michael Moore *Bowling for Columbine*, Robert W. Butler, del *Kansas City Star*, sopesaba la culpabilidad de los medios de comunicación en el flirteo que los Estados Unidos mantiene con las armas y la violencia, y se preguntaba lo siguiente: «¿Cuál es el papel de los medios, fortalecidos por el voraz monstruo de las noticias por cable durante las 24 horas del día? ¿Por qué la cobertura de los crímenes violentos ha ascendido un 600 por 100 cuando los homicidios han disminuido un 20 por 100?». A juzgar por lo que vemos y leemos en las noticias, ¿quién hubiera adivinado que los homicidios han disminuido un 20 por 100? Nadie. Dada la afición de los medios de comunicación a abrazar la pauta de que «la sangre es lo que atrae», semejante conclusión es imposible de alcanzar.

Tal y como yo lo veo, si la esperanza es un globo de helio, la sociedad, a través de sus secuaces (los medios de comunicación), tiene preparados un millar de alfileres para llenarlo de agujeros. Aunque es importante conocer las noticias pertinentes, nuestra esperanza y nuestro optimismo languidecen si los alimentamos regularmente con una dieta a base de lo malo, lo feo y lo violento. Es mejor optar por captar la información que necesitamos y, después, apagar y desconectar.

3. Inseguridad económica

El otro día escuché cómo una mujer decía en la tienda de ultramarinos, con una risita apesadumbrada: «¡Mi plan de pensiones no va nada bien!». No es la única. Lo mío no son las finanzas, pero parece que la economía en general, y el mercado bursátil en particular, padecieran algo similar a un perpetuo SPM (Síndrome Premenstrual). Debido a la incertidumbre producida por este malestar, muchos de nosotros estamos experimentando en carne propia una sensación de vulnerabilidad económica de la que solo habíamos oído hablar en debates relacionados con la Gran Depresión.

Cuando ya no se pueden depositar la esperanzas en las circunstancias financieras externas, es conveniente planificar con vistas al futuro, pero sin temerlo. Para poder llevar a cabo esta hercúlea hazaña necesitamos desarrollar la capacidad de anular el miedo y crear un santuario interior donde se renueven la paz y los pensamientos positivos.

4. El raspado de los sentidos

Los efectos del dolor personal, la locura mediática y la inestabilidad económica se aprecian enseguida. Resulta menos obvio, aunque no menos debilitante, el continuo bombardeo de estímulos que reclaman nuestra atención, nos volvemos hacia donde nos volvemos. Los bebés conocen sus límites y, cuando se hallan saturados de estímulos, no tienen reparo en hacérselo notar a quienquiera que esté disponible. Al reconocer estas señales en los pequeños, por su bien, los apartamos del caos y los reconfortamos acunándolos, canturreando y, lo mejor de todo, animándolos a echar un sueñecito. Pocos adultos somos conscientes de nuestras propias necesidades. La omnipresencia de la música alta, los chillidos de los teléfonos móviles, la pérdida del espacio personal, las listas kilométricas de tareas, la agresión del azúcar y la cafeína, y nuestras propias exigencias internas de actuación y perfección personal, han hecho que perdamos la pista de nuestros puntos de saturación. Al no honrar nuestros límites emocionales y sensoriales nos embotamos o anestesiamos antes de que se nos fundan los plomos y estallemos o nos dé un colapso por la sobrecarga de corriente.

Cuando nos hallamos a merced de estímulos agobiantes, ninguno de nosotros tiene la capacidad de recurrir a su inherente pozo de esperanza. De hecho, cuando aparecen los primeros signos de sobreestimulación, a menudo nos forzamos aún más y nos castigamos por lo que imaginamos como fallos nuestros. Lo sé bien, porque eso es exactamente lo que solía hacerme a mí misma.

Hasta hace unos pocos años me avergonzaba de la etiqueta de «hipersensible» que ciertas personas significativas en mi vida me habían colocado y, como resultado, yo añadí unos cuantos epítetos de mi cosecha, igualmente poco halagadores. Pensaba que «debería» ser capaz de tolerar el involuntario asalto auditivo de la música a todo volumen en casa y en lugares públicos, y me reprendía por la «mala leche» que surgía dentro de mí cuando decía «Sí» con demasiada frecuencia, no disponía de tiempo para mí o apretaba los dientes cuando la gente masticaba haciendo ruido. Esta «raspadura» de los sentidos fue un factor importante en mi propia erosión de la esperanza —y lo sigue siendo cuando no presto la suficiente atención.

Afortunadamente, una amiga me habló de un libro que realmente ha constituido un salvavidas para mí. Se titula *The*

Highly Sensitive Person: How to Survive When the World Overwhelms You (La persona altamente sensible: Cómo sobrevivir cuando el mundo te agobia) de Eleine Aron. Según la doctora Aron, si tienes tendencia a sentir que el mundo que te rodea —y con frecuencia el interior también— te acosa con demasiadas cosas, muy a menudo, a demasiado volumen y durante demasiado tiempo, probablemente eres una PAS (Persona Altamente Sensible) y necesitas aceptar que tus circuitos personales no son capaces de asimilar todos los estímulos que normalmente se hallan presentes en tu vida. Saqué tres indicaciones importantes del libro de Aron: La primera es que he sido capaz de desprenderme de las etiquetas erróneas y poco amables que otras personas (y yo misma) me habían adjudicado. En segundo lugar, al saber que sencillamente mi configuración es diferente de la de aproximadamente el 75 por 100 de la gente, ahora me aseguro de cuidar bien de mí misma cuando me aproximo a una situación con visos de producir sobrecarga, o trato de evitar aquellas circunstancias para las que no existe una buena solución. Y, por último, mi marido comprende ahora que mis deseos y necesidades no son poco razonables y me acepta como soy. Todos estos ajustes han supuesto una enorme diferencia en mi vida y me ayudan a mantener una actitud esperanzada y un estilo de vida saludable.

Muchas de las sugerencias e ideas de *Cultivar la esperanza* pretenden ayudarte a eliminar tantos de esos estímulos erosivos como te sea posible, para que puedas tener más energía para plantar y cosechar semillas de esperanza y creatividad.

Suscitar conscientemente la esperanza

Sé que vivimos en tiempos infernales,
pero también que en el mundo abundan la
paz, la compasión y la belleza.

Anne Lamott

Durante muchos años presté mis servicios voluntarios como terapeuta, asistente espiritual y líder de un grupo de duelo en un hospicio de enfermos terminales. La principal lamentación que escuchaba tanto de los paciente como de los familiares afligidos era alguna versión de: «Ojalá hubiera sido más consciente de lo que realmente quería... Ojalá hubiera prestado más atención a aquellos a los que amo... Ojalá hubiera vivido mi vida en lugar de la que yo pensaba que se esperaba de mí». En otras palabras, al final de la vida, mucha gente desearía haber sido más consciente de los aspectos importantes de sus vidas y sus relaciones. En cambio, muchos sentían que se habían visto arrastrados por corrientes externas con la misma facilidad con que una hoja es impelida río abajo, y lamentaban con aflicción haber vivido guiados por la inercia en lugar de por la elección y la voluntad. La declaración de una mujer fue particularmente conmovedora. Sosteniéndome la mano, Hilda susurró: «Me voy a morir antes de haber sido realmente feliz o de haber sido yo misma».

En mi corazón, le doy a menudo las gracias a Hilda por recordarme que permanezca consciente, que elija ser yo y que elija ser feliz. Por supuesto, nadie se siente feliz todo el tiempo al estilo de Pollyana, pero podemos aprender a hacer elecciones sensatas que inviten a la paz, la armonía y la esperanza al interior de nuestros corazones y almas durante la mayor parte del tiempo. Al conocido adagio. «Cualquier cosa que merezca la pena hacer, vale la pena hacerla bien», yo le añadiría: «Cualquier cosa que merezca la pena hacer, vale la pena hacerla conscientemente».

Alguien puede estarse preguntando incluso si tenemos derecho a cultivar la esperanza y elegir la felicidad cuando existe tanto dolor en el mundo. Yo sugiero que es precisamente por el mucho sufrimiento que hay en el mundo por lo que debemos cultivar la esperanza y elegir la felicidad. Una de las maneras más eficaces de influir en el mundo y ayudar a crear paz consiste en generar sentimientos y actitudes positivos y llevar luz a la oscuridad interior y exterior. La paz en la tierra comienza dentro de cada corazón individual.

Encontrar equilibrio y lastre

Hay que empezar por ser conscientes. Tómate unos instantes para pensar en qué o quién puede sentirse menoscabado en tu vida. ¿Qué es lo que te gustaría hacer de modo diferente para obtener mayor armonía día a día? Para mí, la respuesta es generalmente la misma: pintar, meditar y hacer ejercicio con mayor regularidad. Tanto pintar como meditar despejan la confusión de mi mente. Y el ejercicio depura mi cuerpo y mis emociones, lo que resulta muy equilibrante. Gretchen, una de mis clientes, tenía una respuesta diferente: «Trabaja menos, preocúpate menos y sé menos rígida». Sin dudarlo un instante, otra amiga replicó: «¡Oh, eso es fácil! Yo estaría más equilibrada si viviera con más fe y con menos miedo». Creo que la suya es una respuesta muy acertada para la mayoría de nosotros. Para mí, sé que lo es.

> *Tu salud, tus relaciones y tu vida se verán amorosamente recompensadas cuando tengas el coraje de explorar con delicadeza los desequilibrios de tu vida y tomar medidas para corregirlos.*

Una vez que somos conscientes de qué es aquello que hay que reajustar y empezamos a trabajar con la intención de alcanzar una mayor simetría, es de gran ayuda saber qué tipos de lastre mantienen nuestra nave estable. Las amistades, desahogos creativos, practicar deportes, estar con nuestros hijos, tomarnos tiempo para nosotros mismos —pueden ser muy diversos. Mi definición favorita de lastre *(ballast)* en el diccionario de Webster es: «Algo que da estabilidad o peso, especialmente al carácter, la conducta, las ideas o la moral». La inmensa mayoría de las personas a las que he entrevistado para *Cultivar la esperanza* sienten que la creencia en algo superior a ellos mismos sustentaba su espíritu y los mantenía a flote. Muchos comentaban que el amor y el apoyo de la familia y amigos los sostenía en los tiempos tormentosos, y casi todos coincidían en que ser capaz de ayudar a otros les daba una sensación de propósito y sentido que les era muy útil para «seguir adelante cuando las cosas se ponían difíciles». Según parece, el lastre a menudo se compone de fe, amor y servicio. Estos parecen ser unos indicadores bastante buenos de la estabilidad del carácter, la conducta y la moral.

Ahora mismo, pregúntate: ¿Qué es lo que me mantiene a flote? ¿Qué es lo que me sirve de chaleco salvavidas o de brújula en los tiempos tensos o turbulentos?

El caldo de cultivo de la esperanza

Mientras investigaba para escribir este libro, recibí con alegría una inesperada porción de lastre. Me hice consciente de un creciente esfuerzo global por parte de gente concienciada para alentar la esperanza en ellos mismos y en los demás, incluso frente a circunstancias aparentemente desesperadas. Aunque puede que ni siquiera se conozcan unos a otros, juntos están creando un apropiado caldo de cultivo para la esperanza en el mundo.

Uno de esos esfuerzos es una nueva revista que se titula simplemente *Hope* (Esperanza). El ejemplar de muestra que recibí estaba lleno de artículos y sugerencias edificantes acerca de cómo los individuos pueden recuperar y transmitir esperanza. Otro emisario inesperado de esperanza fue un reciente número especial de la revista *Time* que se centraba en «Cómo tú mente puede sanar tu cuerpo». Un articulo con el que disfruté especialmente se titulaba «Di Om antes de entrar en el quirófano». Estaba escrito por el cirujano cardiovascular Mehmet Oz y subrayaba cómo sus pacientes del Centro Médico Presbiteriano de Columbia, en la ciudad de Nueva York, respondían mucho mejor a la cirugía y se recuperaban antes cuando se les enseñaba a meditar, a soltar la ansiedad y abrazar la esperanza. Al final del artículo el doctor Oz escribía: «La medicina convencional continuará avanzando en el descubrimiento de nuevos tratamientos y modos de prevención, pero, a menudo, las soluciones más eficaces se encuentran en el gabinete médico de la mente. Según un estudio, meditar durante 15 minutos, dos veces al día, redujo las visitas al médico en un periodo de seis meses y ahorró al sistema sanitario 200 dólares por paciente. A veces las mejores cosas de la vida son gratis».

Me encanta esa expresión: el gabinete médico de la mente.

Solamente en mi ciudad ya conozco varios grupos que se reúnen para meditar sobre la paz y hablar de los modos en que sus miembros pueden promover un sentimiento de hermandad dentro de nuestra comunidad. El propósito de una de estas asociaciones es rezar por los líderes mundiales y visualizarlos llenos de compasión, de ganas de comprender a su pueblo y de mirar más allá de sus egos y la política de sus países para fomentar la buena voluntad y la justicia en su nación y fuera de ella. Mi grupo de mujeres (con solo cuatro componentes) dedica 10 minutos a visualizar la energía femenina inundando nuestro planeta e infundiéndole compasión, integración y conexión. Todo esto puede sonar increíblemente optimista, pero todas las realidades maravillosas han sido primero un sueño que la mayoría de la gente habría considerado extravagante e inalcanzable. Al menos yo me siento tremendamente agradecida hacia esas personas concienciadas y llenas de esperanza que envían sus oraciones y su energía pensando el desarrollo del bien común.

Es preciso que hagamos todo lo que esté en nuestro poder para mantener activo y en crecimiento ese caldo de cultivo. Nos lo debemos no solo a nosotros mismos, sino especialmente a nuestros hijos. Como escribió Maya Angelou: «Sobrevivir es importante, pero prosperar es elegante». Es responsabilidad nuestra convocar conscientemente la esperanza como parte esencial del progreso, y transmitir esa capacidad a nuestros hijos.

Oasis personales

No podemos cultivar la esperanza en un terreno agotado. La extenuación, el agobio y la ansiedad que se derivan de querer abarcar demasiado, casi siempre, borran la esperanza de nuestras pantallas emocionales. Por eso es tan importante encontrar maneras de renovar y restablecer nuestros recursos internos. Tenemos que darnos permiso para encontrar oasis personales y familiares —aquellos lugares y actividades que proporcionan refugio y sirven de santuario frente a los sentimientos de desbordamiento y nos permiten descansar y recomponernos. Nuestros oasis no solo nos ayudan a reavivar nuestra energía, también pueden ser templos de diversión, intimidad y sentido. Después, descansados y restablecidos, podemos hacer que la esperanza arraigue en el terreno profundo de la seguridad interior, en lugar del de los suelos arenosos y huecos de las circunstancias externas.

David, un sacerdote con el que tuve una conversación, me dijo que su sed espiritual de significado —especialmente cuando se halla descorazonado e interrogando a Dios— se aplaca mediante el activismo en cualquiera de sus formas. Les sirve comida a los «sin techo», reúne alimentos y bienes para los necesitados y asesora a gente que atraviesa dificultades. El oasis de David es el servicio en el exterior incrementado por la plegaria interior.

Tu oasis puede ser exactamente lo contrario. Puede que necesites retirarte y dejar de dar durante un tiempo y hacer algo solamente para ti, algo que haga cantar a tu corazón. De hecho, cantar es un oasis para Marion, una de mis clientes. Aunque en teoría es agnóstica, le encuentra mucho sentido y gusto a entonar música sacra en un gran coro. Irradia una euforia absoluta después de los conciertos. «Es lo que me mantiene cuerda y con los pies en la tierra», exclama Marion.

Mi marido, Gene, y yo creamos minioasis cuando uno o más de nuestros nietos viene de visita. Aunque bregar con los chiquillos no es una actividad tranquila ni serena, su inocencia y autenticidad proporciona lastre a nuestras vidas y llena nuestros corazones hasta desbordarlos

> *Tu oasis favorito puede ser también lo que te aporta lastre.*

Las personas extravertidas pueden encontrar relajante y rejuvenecedor el atestado bar de un centro deportivo, mientras que para un introvertido el paraíso puede consistir en sentarse en silencio y coser a mano un edredón o tejer una alfombra de estambre. Algunos de nosotros nos calmamos mediante una combinación de actividades que nos proyectan al exterior y al interior. No importa el tipo de oasis que elijas, con tal de que te proporcione el equilibrio y el lastre que anhelas en ese momento.

Probablemente, el oasis del que más podemos fiarnos está tan cerca como los latidos de nuestro corazón. Me estoy refiriendo al valor que tiene sencillamente el hecho de enfocar tu atención hacia tu corazón. Puede que tu reacción ante esto sea de escepticismo. La mía desde luego lo fue. Pero la primera vez que puse mis manos intencionadamente sobre mi corazón, le di las gracias por servirme tan fielmente y después continué descansando durante unos minutos, con plena conciencia de mi corazón, no puede evitar que las lágrimas resbalaran por mis mejillas. Parecían lágrimas de reconocimiento y gratitud más que de tristeza o dolor sin resolver.

No hay *deberías* o *tienes que* a la hora de buscar el santuario del oasis del corazón. Sencillamente, el hecho de concentrar la atención en el corazón, en el modo que a cada cual le parezca adecuado, corteja conscientemente a la esperanza y a sus primas, la relajación y la calma.

La esperanza es un asunto del corazón.

PRÁCTICA PARA CULTIVAR LA ESPERANZA
EN TU CORAZÓN

Tómate unos instantes y concéntrate en tu corazón, permitiéndote sumergirte en él y absorber el amor que emana de él de forma natural. Visualiza la energía de tu corazón en el teatro de tu mente. ¿De qué color es? ¿Cómo la sientes? ¿Cálida, fresca, suave, vivaz? Háblale a tu corazón aunque te parezca tonto hacerlo. Agradécele todo lo que hace por ti y pregúntale qué es lo que le gustaría que hicieras por ti mismo y por el bien de los demás. Presta atención y acepta cualquier intuición o sentimiento que venga. O que no venga. El mero hecho de acompañar a tu corazón proporciona un maravilloso oasis con un tremendo potencial de sanación. Prueba a realizar este ejercicio cuando te sientas carente de esperanza.

Como cualquier otra cosa que se cultive, la esperanza necesita cuidados conscientes y una atención compasiva para poder prosperar. A medida que la esperanza echa raíces y flores, nos sentiremos mejor dotados para mantener el equilibrio espiritual y emocional, y la armonía, tanto en los tiempos tranquilos como en los turbulentos.

Capítulo II

Sembrar esperanza

La esperanza aguarda pacientemente
　　　　　　　en lo más profundo de nuestro ser
sabiendo que
　　　　finalmente florecerá de nuevo
　　　　　　　　　en nuestros corazones.
La esperanza, tal y como promete el dicho,
　　　　　　brota eternamente.

LA AUTORA

A veces, especialmente durante una sequía emocional o un aluvión de dificultades, necesitamos volver a sembrar nuestros jardines interiores. Del mismo modo que la Madre Naturaleza repone continuamente sus plantas soplando sobre semillas y vainas hasta conducirlas a sus nuevos hogares, nosotros necesitamos sembrar nuevas simientes de esperanza. Si damos por hecho que la naturaleza precisa esta resiembra y comprendemos que es importante reemplazar la flora y la fauna de nuestros estómagos después de tomar antibióticos, ¿por qué no habríamos de aceptar que el jardín de nuestra alma requiere un tratamiento similar?

No sé lo que te ocurrirá a ti, pero a mí me ayuda saber que se trata de un proceso normal y natural. Porque entonces soy capaz de dejar de resistirme y saco la energía que necesito para empezar a hacer lo que hay que hacer.

El primer paso consiste sencillamente en aceptar el hecho de que tenemos que ayudar a la esperanza a florecer en nuestros corazones.

> *Una actitud esperanzada es una de las piedras angulares de una vida dichosa y llena de sentido.*

Recuperar la esperanza inmanente

La esperanza es la sensación que uno tiene de que la sensación que uno tiene no es permanente.

JEAN KERR

Me gusta decir que la esperanza se parece más a una patata que a un tomate. Los tomates crecen a la vista y se pueden coger directamente de la mata, pero hace falta excavar en el barro para encontrar las patatas. Lo mismo se puede decir de la esperanza. A veces, solo tenemos que escarbar un poco en nuestro lodo interior par encontrar semillas de esperanza. Pero, por muy profundamente que estén enterradas o por muy ardua que sea la excavación, la esperanza siempre está allí. Es algo inherente a nosotros. Así que no importa lo cubierto de hierbas que se halle o que se vea oscurecido por el dolor y la pérdida, porque el sendero que conduce a la esperanza está en alguna parte y podemos volver a encontrarlo.

Beber del pozo

En mi intento por comprender cómo redescubrir nuestro manantial interno de esperanza, que a veces se muestra un tanto esquivo, hice la siguiente pregunta a varios amigos, clientes, familiares y conocidos: «¿Cómo mantienes la esperanza viva en tu alma? Estas son algunas de sus respuestas:

- Creyendo en un poder superior que no necesita ser elegido.
- Tratando conscientemente de permanecer al margen de la energía del miedo que predomina en los medios de comunicación y la sociedad en general.
- Confiando en mi relación con Dios.
- Creyendo que, dentro del inmenso plan de las cosas, se cuida de nosotros por muy calamitosas que parezcan las circunstancias externas.
- Pidiendo a la gente que me quiere que me recuerde que soy digno de ser amado. Y que me digan por qué.
- Siendo consciente de mis bendiciones presentes y dando gracias por ellas.
- Permaneciendo en contacto con la fuente espiritual que me alimenta en cada momento.
- Leyendo y escuchando historias edificantes.
- Haciendo algo bueno por un familiar o un amigo. O incluso por un extraño o por mí mismo.

Me quedé sorprendida al comprobar que todas sus respuestas denotaban alguna creencia espiritual subyacente, así que hice la misma pregunta a gente cuya religiosidad sabía que era más que dudosa. He aquí sus respuestas:

- Siendo amable y bondadoso conmigo mismo, especialmente cuando me siento vulnerable.

- Acudiendo a mis amigos y a mi familia en busca de apoyo y confianza.
- Haciéndome especialmente consciente de signos de esperanza como las estrellas, el Sol y la Tierra, que continúan con su labor sin importarles lo que hagamos los humanos. Cuando no puedo creer en el «Honorable Ser Humano», confío en el «Honorable Universo».
- Haciendo algo por quienes son menos afortunados.
- Cuidando mi cuerpo... Manteniéndolo sano y descansado.
- Jugar con mi bebé y empaparme de su inocencia y su bondad naturales.
- Primero me quejo y gimoteo. Después dirijo mi atención a las cosas buenas que hay en mi vida y en el mundo. Están ahí, pero tienes que buscarlas y concentrarte en ellas.

Tómate un momento para preguntarte: ¿Cómo mantengo la esperanza viva en mi alma?

Merece la pena señalar que nadie en ninguno de los dos grupos se resistió ante la palabra *alma* de la pregunta. De hecho, todas sus respuestas mencionaban cualidades del corazón como el amor, el apoyo, la conexión, el servicio, la creatividad, la atención positiva y la gratitud. Tal y como los místicos, los poetas y los maestros espirituales han creído desde hace mucho tiempo, el corazón es el emplazamiento del alma.

A partir de mi experiencia personal y profesional, he observado que, para cultivar la esperanza, hace falta una creencia y una confianza en algo superior, más profundo, más amplio y más poderoso que nosotros mismos. No es casual que el tercer paso en todos los programas de Doce Pasos sea: «Decidimos entregar nuestra voluntad y nuestras vidas al cuidado de Dios tal y como nosotros lo entendemos a Él».

Como escribió el sabio Rabindranath Tagore: «La fe es el pájaro que siente la luz y canta cuando el alba todavía está oscura». Cuando David, mi amigo sacerdote, se encuentra metafóricamente en el vientre de la ballena, como lo estuvo Jonás, se le acaba ocurriendo que necesita recordar lo que ha olvidado: Dios tiene ojos en la espalda. Como consecuencia, consciente o inconscientemente, él se vuelve hacia Dios y comienza a ver la luz antes incluso de que aparezca. Si un hombre que ha elegido una carrera basada en la espiritualidad se debate con su oscuridad personal y emerge una vez más en luz de la fe y la esperanza, creo que tú y yo podemos también beber de ese pozo, incluso mientras parezca reinar la oscuridad.

Esperanza y expectativa

Es importante distinguir entre esperanza y expectativa. La esperanza consiste en buscar lo bueno y en creer que llegará; la expectativa, por otra parte, tiene en mente ciertos resultados. Por ejemplo, yo espero encontrar la fuerza y el coraje para crecer al enfrentarme al reto de un diagnóstico de cáncer. Por otro lado, yo puedo tener la expectativa de curarme siguiendo cierto tratamiento médico. Mi expectativa se cumple únicamente si yo continúo viviendo libre del cáncer. Curada o no, sin embargo, mi esperanza de adquirir fuerza, coraje y crecer puede hacerse realidad.

Como madre, yo espero y rezo para hacerlo lo mejor posible y que mis hijos se conviertan en adultos, felices, adaptados y bondadosos. También puedo tener la expectativa de que si lo hago bien, mis hijos se conviertan en seres maravillosos y, por añadidura, que piensen que yo soy fabulosa. Mi esperanza hace que siga esforzándome; mi expectativa me predispone para la frustración o el fracaso. En ambos escenarios, tanto el del cáncer como el de la maternidad, operan sencillamente demasiadas variables como para que sea posible garantizar que mis expectativas se cumplirán. La expectativa a menudo se convierte en una ciénaga de desilusión, mientras que la efervescencia de la esperanza nos permite levantar el ánimo.

Recientemente, una mujer joven a la que considero una hija elegida me dio una pegatina para el coche que dice: «Algo maravilloso está a punto de suceder». Mi corazón respondió inmediatamente: *¡Sí!* Los optimistas natos que estén atravesando tiempos difíciles probablemente añadirían: «Algo maravilloso —o por lo menos que produzca crecimiento— surgirá finalmente de la oscuridad y las dificultades que estoy experimentando ahora». Eso es la esperanza en todo su esplendor.

Hace tres años, mi amiga Kate murió de un cáncer ovárico a los cincuenta y siete años. Después de escuchar las últimas noticias relativas a los tratamientos y síntomas físicos, yo siempre le hacía la misma pregunta: ¿Y cómo está tu corazón? Mientras todavía podía hablar, su respuesta fue siempre la misma: «Mi corazón está bien. Mi corazón siempre está bien». Qué profesora tan estupenda fue para mí. Como terapeuta, he visto innumerables clientes reaccionar ante la adversidad de una manera similar a la de Kate. De hecho, la mayoría de nosotros podemos recordar seguramente alguna ocasión en que hayamos retornado a la vida a pesar de que nuestro manantial de esperanza pareciera reseco y yermo, y tuviéramos que excavar en el barro para encontrarlo y limpiarlo. Así es como funciona la esperanza. Está ahí todo el tiempo, esperando a que nosotros la liberemos.

Abrazar y transformar el dolor

*El camino para liberarnos de una situación
a menudo se encuentra en la aceptación de la situación.*

RACHEL NAOMI REMEN

No podemos sembrar esperanza en un terreno helado.

Esta lección, como otras muchas en la vida, se me ha mostrado una y otra vez hasta que la he comprendido de veras.

No creo que se me enseñara específicamente a correr y a resistirme al dolor a cualquier precio. Sin embargo, he arrastrado la costumbre de correr y resistirme desde la infancia hasta bien entrada en la edad madura. Esta estrategia de evitación parecía funcionar bastante bien hasta que mi primer marido me dejó y me convertí en madre soltera con dos niños pequeños. Incapaz de ignorar el dolor y la vergüenza del divorcio, y la conmoción de mi maternidad en solitario, busqué el modo de darle sentido a la experiencia y devolverle la esperanza a mi alma. Para mi enorme sorpresa, muchos sabios y profesores que despertaban mi admiración aconsejaban abrazar el dolor en lugar de evitarlo. Yo podía comprender que hubiera que soportar estoicamente el sufrimiento inevitable, pero ¿abrazar el dolor? De ninguna manera.

Finalmente, a través del trabajo en el hospicio y mi práctica privada como asesora —y, por supuesto, el siempre presente trabajo personal—, llegué a aceptar el hecho de que abrazar el dolor conduce a su transformación. Resistirse al dolor no solo no hace que este desaparezca, sino que en realidad lo magnifica. Creer en la sabiduría de abrazar el dolor no hace, como diría mi madre espiritual Annabelle, que «automágicamente» resulte sencillo llevarlo a la práctica. Necesitamos recordarnos continuamente que no hay que cerrarse, silenciar y sobrellevar el dolor en soledad, especialmente si se trata de dolor emocional, propio de la depresión y la desesperación.

El candidato al premio Nobel de la Paz Thich Nhat Hanh nos anima *a reconocer un sentimiento doloroso, sonreírle y procurarle alivio abrazándolo tiernamente como haría una madre*. Irónicamente, al escribir esto, me embarga el dolor en relación con uno de mis hijos. Mientras yacía en el lecho insomne y triste, visualicé ángeles alrededor de mi hijo y también le pedí a mi ángel especial que me ayudara a acunar mi corazón de madre. En el ojo de mi mente, imaginé al ángel sosteniendo tiernamente a mi criatura, yo misma, y mi corazón, tomando la forma de una cálida luz, fluyó suavemente sobre todos nosotros. No pasó nada espectacular, pero me dormí poco después.

Tal vez, el simple hecho de abrirme a mis sentimientos y pedir ayuda abrazándolos me reconfortó lo suficiente como para aquietar mi mente y permitir que el sueño obrara su magia. Para sanarnos y recuperar nuestra esperanza inmanente, es de suma importancia que nos convirtamos en una madre amantísima para nosotros mismos y aprendamos a besar nuestras propias pupas con cariño y suavidad.

Thich Nhat Hanh se explaya sobre los beneficios de abrazar el dolor: *Abraza tu sufrimiento y déjalo que te revele el camino hacia la paz.* La fórmula de este santo varón me pareció especialmente útil para mis pacientes del hospicio. Muchos de ellos, cuya esperanza había sido extinguida por el miedo —miedo a no poder soportar el dolor, a ir de cabeza al infierno, a no haber hecho lo suficiente o no haber sido lo bastante buenos, o a que sus hijos se tambalearan sin ellos—, encontraron paz y esperanza al abrazar los mismísimos miedos que los habían atormentado. Aquellos que aceptaban y acogían su dolor y su pena —tomaran la forma que tomaran— con frecuencia se volvían serenos, contemplaban esperanzados sus situaciones y estaban llenos de compasión hacia los demás, todo lo cual reconfortaba tremendamente a sus familias.

> *Como los sentimientos dolorosos son tiranos emocionales alimentados por el miedo, la mejor manera de transformarlos es encararlos de frente.*

Mientras me resistía probamente a soltar mis sentimientos frente a lo que yo percibía como un grosero e inmerecido ataque emocional, escribí estas dos cantinelas en medio de la agonía de mi ataque:

> Resiste, resiste, resiste...
> Vislumbres de una posible rendición...
> ¡De ningún modo!
> Resiste, resiste, resiste...
> Pensamientos de rendición más persistentes...
> ¡No puedo! ¡No lo haré! ¡Tengo razón!
> Resiste, resiste, resiste...
> Tal vez pueda rendirme —un poco...
> Resiste, resiste, resiste...
> y
> ¡Despedazada, sangrando, rota.
> Desesperada.
> Puede que al menos sea
> buen abono
> para los que vengan detrás!

Escribir estos poemas me proporcionó un ineludible atisbo de lo mucho que mi personalidad de Reina del Drama estaba disfrutando al ser agraviada. Se hallaba en su elemento, en el centro de la escena, desgarrándose las vestiduras y soltando abundantes lágrimas. Escribir le dio la oportunidad de expresarse y a mí me dio la ocasión de apaciguar su conducta y reírme entre dientes mientras tanto.

¿Luchar, huir, congelarse o afrontar?

Muchos de nosotros hemos vivido la experiencia de habernos quedado congelados *in situ*, ya sea física o emocionalmente, a causa de una confrontación personal difícil. No me asusta luchar ante un peligro físico y soy capaz de actuar en una situación de emergencia, pero solo últimamente he podido dejar de congelarme cuando alguien se me encara directamente con algún asunto emocional. ¿Por qué? Porque ese tipo de confrontaciones me acobardaban, me petrificaban la mente, aturdían mi autoestima y hacían que se me estremeciera todo el cuerpo. Mientras permaneciera envuelta en el miedo no había ninguna respuesta posible.

He trabajado duro y durante mucho tiempo para aprender a afrontar los miedos y creencias básicos que me llevaban a congelarme cuando creía que estaba siendo emocionalmente atacada. O incluso, tengo que admitirlo, levemente criticada. Tendría que decir que el miedo al rechazo es mi mayor fantasma. Si alguien me habla con aspereza o brusquedad, un reflejo casi pauloviano produce en mí la respuesta: «Debo ser una mala persona».

Una amiga mía dice que el miedo es una reacción visceral automática. La mayoría de nosotros salimos de la infancia con este tipo de actitudes mecánicas frente a ciertas circunstancias o experiencias. Aunque nuestra primera reacción pueda continuar siendo este sobresalto que nos es familiar —la configuración por defecto, por así decirlo—, una de las mayores tareas de la edad adulta consiste en aprender a neutralizar estas respuestas y conductas inconscientes y elegir otras más apropiadas. En otras palabras, podemos seguir reaccionando con miedo, pero somos capaces de recomponernos rápidamente y responder de manera más adecuada.

Mi voluntad de encarar y abrazar mi miedo al rechazo parece estar dando resultados. Sin ir más lejos, el otro día fui capaz de contestar razonadamente y con calma a una inmerecida andanada emocional proveniente de alguien a quien quiero mucho. Por supuesto, mi estómago no paraba de moverse, pero ni mi mente ni mi autoestima se congelaron. Tampoco salí corriendo. La nueva respuesta surgió de un modo tan natural que no me di cuenta de que no había huido, ni me había congelado, ni había luchado, hasta después de que el episodio se hubiera resuelto satisfactoriamente y hubiera colgado el teléfono. ¡Hurra! ¡Es hora de celebrarlo! ¡Y, creedme, si yo pude aprender a transformar mi miedo, encarándolo y abrazándolo, tú también puedes hacerlo!

Encarar los sentimientos produce libertad

La libertad que surge como consecuencia de nuestra capacidad de encarar nuestros sentimientos puede ser tremendamente deliciosa. Pero requiere mucho trabajo, porque todos nosotros estamos envenenados por el condicionamiento de que los sentimientos son malos, especialmente aquellos más vehementes y desafiantes. Por mucho que avancemos en el camino del crecimiento personal, nuestros juicios sobre nuestros sentimientos con frecuencia nos asaltan y nos muerden. Y nosotros nos los quitamos de encima. Pero a estas alturas ya deberíamos saber que negar los sentimientos es algo que no funciona. Se limitan a quedarse enterrados —en nuestro subconsciente o en nuestro cuerpo— hasta que finalmente tenemos que prestarles atención porque nos producen malestar físico o emocional.

El sentimiento que más suele bloquear nuestro camino hacia la esperanza es el miedo. Miedo no es lo mismo que discernimiento. Podríamos definir el discernimiento como las pequeñas dosis manejables de miedo basadas en preocupaciones realistas, como, por ejemplo, el conocimiento de que es peligroso echar a correr en medio del tráfico sin mirar. El discernimiento nos mantiene a salvo, hace que seamos padres vigilantes, nos da el impulso para ser activistas en causas que merecen la pena y nos convierte en ciudadanos que acatamos las leyes. El miedo, por otra parte, es la sensación ilusoria y anuladora que limita seriamente nuestra libertad. Por ejemplo, el miedo al rechazo o al ridículo pueden extinguir nuestro deseo de expresar ideas muy válidas en reuniones de negocios o mantenernos atrapados en relaciones vejatorias e irrespetuosas.

Me voy a atrever incluso a decir que el miedo es nuestro único enemigo real y la evitación su colaborador más destructivo.

El miedo es el barco nodriza de todos los sentimientos

Si no le retamos, el miedo nos roba la esencia misma de nuestro ser, oscurece la esperanza, merma la confianza en uno mismo y ahoga la creatividad. Pero tenemos la capacidad de liberarnos de él encarándolo de frente. Aprendí esta sencilla técnica de Michael Toms, cocreador de la Radio Nuevas Dimensiones. Cuando tiene que afrontar una decisión, Michael se pregunta: «¿Esta decisión que estoy tomando es fruto del miedo o es fruto del amor?». Una pregunta así nos anima no solo a plantarle cara a nuestros miedos en el momento en que surgen, sino también a buscarlos activamente y llevarlos ante la luz de la conciencia, donde pueden ser observados y transformados.

Tener el coraje de mirar nuestros sentimientos con valentía —si es necesario con ayuda— es el primer y más importante paso en el camino hacia la libertad y la esperanza. Tomar conciencia de nuestros sentimientos nos permite transformarlos y, como consecuencia, modificar aquellas acciones y reacciones que ya no son deseables ni apropiadas.

PRÁCTICA PARA ABRAZAR TUS SENTIMIENTOS

Sé delicado contigo mismo al realizar este ejercicio. Cuando nos disponemos a encarar nuestros sentimientos más dolorosos, a menudo nos encontramos con material muy antiguo.

1. Ábrete a tus sentimientos. Hazte consciente de tus sentimientos, sencillamente permitiéndoles que afloren. Mientras continúas inspirando e inspirando con suavidad, ábrete a los sentimientos que vengan.

2. Abrázalos. Ahora abraza tus sentimientos con gran ternura, como haría una madre incondicionalmente amante. Sean como sean, abrázalos.

3. Acepta lo que hay. Honra y acepta los sentimientos que estás teniendo ahora. Trátate con amabilidad. Invita a la transformación como resultado de la aceptación.

La conciencia interior es el comienzo del cambio exterior.

La fortaleza que surge de la rendición

De lo que realmente estamos hablando aquí es de rendición. No de la sensación de resignación producida por la depresión o la desesperanza a la que todo le da igual, sino de una elección consciente de abrirse a lo desconocido y confiar en nosotros mismos y en lo Divino más profundamente.

Una cliente me contó hace poco una historia que me llegó al corazón y me mostró un bello ejemplo de cómo encontrar la fuerza al rendirse. Un grupo de mujeres inglesas estaban recluidas en un campo de prisioneras japonés durante la Segunda Guerra Mundial. En lugar de sucumbir a la desesperación, decidieron organizar un coro *a capella* que resultó ser tan bueno como para hacer una gira por Europa tras ser liberadas. En vez de perder la esperanza a la vista del gigantesco y amargo trago que les esperaba, esas valientes e imaginativas mujeres decidieron prosperar y aprovecharlo para hacerse un refresco.

Otra clase importante de rendición constructiva consiste en dejar marchar aquellas esperanzas poco realistas o que no llegan a materializarse. Si tu anhelo de una realidad diferente se golpea una y otra vez contra un muro de piedra, seguramente es hora de renunciar a él. Ivy, una amiga muy querida, se vio envuelta en un terrible caso judicial que acabo por destrozar la vida que ella y su familia habían llevado hasta entonces, incluso después de ser completamente exculpados. Tras mucho sufrimiento, terapia, tiempo y búsqueda interior, quiso compartir conmigo este pensamiento: «He acabado por darme cuenta de que nuestra esperanza no puede controlar, ni cambiar ni influir en los demás, he soltado de verdad lo que ocurrió y me estoy adentrando por completo en la vida tal y como es ahora».

El recorrido de mi amiga a través de una experiencia terriblemente injusta hasta la luz de la esperanza no fue fácil ni rápido, e incluyó fases de oscura y debilitante depresión además de una saludable dosis de ira. Sin embargo, al encarar cada sentimiento lo mejor que pudo, rindiéndose ante su propia vulnerabilidad y expresando, pero no ejecutando, sus deseos de venganza, ahora irradia fuerza, entusiasmo y creatividad. «Fue espantoso, horrible y nos cambió la vida por completo. No elegiría nunca pasar por todo esto, pero me gustan las cualidades que he adquirido como resultado de la experiencia», dice Ivy. Tal y como ella descubrió de un modo muy duro, tenemos que renunciar a las esperanzas arraigadas en nuestro deseo de que otras personas cambien.

El concepto de rendición es difícil de captar en una cultura como la nuestra que premia sobremanera el control y la conquista. La rendición implica pérdida de control y desbordamiento. Y a menudo es este miedo a perder el control lo que nos hace negar nuestros sentimientos y soterrar nuestras penas en lugar de resolver cada asunto a medida que se va produciendo. Es natural tener miedo de que los sentimientos intensos nos abatan si nos abrimos a ellos, cosa que puede ocurrir de hecho durante un tiempo. Sin embargo, a la larga, eludir un sentimiento nos debilita y hace que dicho sentimiento sea mucho más poderoso que si nos rendimos a él.

Mantener los sentimientos a raya requiere muchísima energía. El esfuerzo que hacemos al resistirnos y evitarlos produce mucha tensión en el cuerpo y en la psique. Por eso es importante contar con apoyo. Si quieres profundizar en sentimientos que te asustan, no intentes hacerlo solo. Habla con amigos o con profesionales, cuida tu cuerpo y trata de descansar lo más posible

Regalos con envoltorios andrajosos

Podemos aprender muchísimo del dolor. Tal y como indica la terapeuta y escritora Merle Shain: «Uno suele aprender más en diez días de angustia que en diez años de satisfacción». Pero tenemos que elegir aprender de la experiencia en lugar de vernos seducidos por la adopción del papel de víctima. Debemos estar vigilantes. Cuando oigamos a la víctima, levantando la cabeza, murmurar preguntas tales como: «¿Por qué yo?», es nuestra responsabilidad rescatar la parte esperanzada y optimista de nuestra personalidad. La víctima no puede hallar los dones intrínsecos al dolor porque se halla demasiado ocupada en sufrir y culpabilizar como para echar un vistazo.

Entre los envoltorios andrajosos de la aflicción se pueden encontrar en última instancia muchos regalos.

Tengo una amiga que tiene una gran tendencia a hacerse la víctima. Cuando nota que su mente victimista va a entrar en escena, se concede 20 minutos para «desanimarse, gimotear, culpabilizar y sentir lástima de sí misma». Entonces se dice: «Vale, querida, vamos a ver qué es lo que podemos aprender de esto. Es sorprendente que le dedique solo 20 minutos, porque todos sabemos lo fácil que es ceder a la tentación de lamentarnos por lo mal que nos trata la vida. Por supuesto, lo que importa es la intención y no el límite. Si 20 minutos no te funcionan, no te desanimes. Sigue mereciendo la pena hacerlo.

Como terapeuta, he visto una y otra vez cómo los tiempos difíciles proporcionan a la gente la oportunidad de crecer aceleradamente. Por eso los veo ahora como regalos prodigiosos. En mi práctica profesional, he oído a muchas personas citar la primera línea de Charles Dickens en *A Tale of Two Cities* (Historia de dos ciudades): «Era el mejor de los tiempos; era el peor de los tiempos», al referirse a alguna crisis que habían soportado. Nótese que he dicho «soportar». Casi siempre es más fácil ver el mejor de los tiempos una vez que el peor de los dolores ha pasado.

Como la mayoría de nosotros, he experimentado el ciclo del crecimiento a través del dolor innumerables veces. Después de muchos años, todavía me maravillo y doy gracias por los cambios que sufrimos mi vida y yo como resultado del divorcio. ¿Dolió? ¡Imagínatelo! ¿En su momento me resultó detestable y me rebelaba furiosa? Por supuesto. ¿Me gusta más la persona en la que me convertí como consecuencia de ello que la persona que era antes? Indudablemente.

El dolor a menudo incuba compasión

Isabel Allende escribe: «La idea de que debemos evitar el dolor a cualquier precio es absurda, porque nos separa de la experiencia de lo sagrado. A través del dolor a menudo contactamos con la parte más profunda de nosotros mismos». No se puede decir mejor. Al ser arrastrados por el sumidero de la aflicción y la pérdida con frecuencia llegamos a lo más hondo de nuestro corazón, donde descubrimos un manantial de amor incondicional. John Tarrant, autor de *The Light Inside Darkness* (La luz en el interior de la oscuridad), dice: «Como piedras toscas pulidas en un eje de dolor, muchos de nosotros emergemos de experiencias intensamente oscuras mucho más bellos que antes, investidos de una mayor comprensión de nosotros mismos y de los demás y con mayor capacidad para un amor profundo y duradero».

> *El dolor puede ser una bendición disfrazada —a veces con un disfraz que la hace irreconocible— porque proporciona una vía de acceso a las intuiciones e inspiraciones emocionales y espirituales.*

Jalil Gibrán, en su libro ya clásico *The Prophet* (El Profeta*) dice: «Tu dolor es la ruptura del caparazón que envuelve tu conocimiento. Al igual que el hueso de la fruta debe romperse para que su corazón pueda permanecer al sol, tú debes conocer el dolor».

Siempre que atravieso situaciones dolorosas, este pasaje me hace concebir la esperanza de que algo bueno saldrá de ello. La sabiduría de sus palabras me asegura que el dolor puede ofrecer muchas bendiciones en medio de sus magulladuras. Estas son algunas de las que se me ocurren: un aumento del conocimiento y el amor por uno mismo, relaciones más profundas y significativas y una mayor apreciación de todas las maravillas de la vida. Probablemente, el regalo más maravilloso que he encontrado

---

* Puede verse una versión de esta obra en Biblioteca Edaf.

entre los envoltorios andrajosos del dolor es el don de un corazón más plenamente abierto a la calidez del Amado, como a menudo me gusta llamar a Dios.

Reparar y preparar el terreno de nuestro ser

No es en el momento del golpe cuando necesitas el coraje, sino durante la larga y empinada ascensión que te lleva de regreso a la cordura, la fe y la seguridad.

ANNE MORROW LINDBERGH

¿Cuántos de nosotros nos hallamos atrapados en el remolino de la vida sin darnos cuenta siquiera de que el cansancio nos cala hasta los huesos? Y seguimos presionándonos a nosotros mismos cada vez con mayor dureza para cumplir, sobresalir, vencer y ser fuertes. Esto me recuerda una ocasión en que me compré un molde para galletas en forma de corazón. Después de quitarle la etiqueta con el precio, restregué con tanta fuerza sus restos pegajosos que doblé el corazón. Vaya. ¿No solemos frotar nuestras supuestas imperfecciones con tanto vigor que deformamos nuestros tiernos y frágiles corazones? ¿Qué tal si aprendemos la lección de los campos de los granjeros y nos damos permiso para permanecer en barbecho durante un tiempo cuando estemos agotados y necesitemos reponer nuestro depósito de energía emocional, física y espiritual?

> *Cuando notemos que nos estamos quedando sin combustible es hora de repostar. La esperanza nunca se acaba.*

Algunas heridas se producen rápidamente —alguien a quien amamos muere repentinamente, perdemos nuestro trabajo sin aviso previo, el mercado bursátil engulle vorazmente nuestros ahorros, o recibimos un diagnóstico que nos informa que nuestra vida se ve amenazada—, mientras que otras, como el exceso de trabajo, el estrés o el diluvio de noticias de desastres, sobrevienen de manera gradual. Tanto si este desgarro del tejido de la vida —tal y como la conocemos o nos gustaría que fuese— ocurre de modo rápido o paulatino, el restablecimiento de nuestro espíritu siempre requiere tiempo, esfuerzo y concentración.

Ni como individuos ni como sociedad solemos estar preparados para concedernos el tiempo y el espacio necesarios para rehabilitar el terreno de nuestro ser y prepararlo para un nuevo modo de vivir, tras el dolor y la pérdida. James Hollis, autor de *Swamplands of the Soul* (Las ciénagas del alma) —me encanta ese título—, dice: «No soy lo que me ha ocurrido. Soy aquello en lo que elijo convertirme». Desde luego. Yo añadiría que las decisiones más sabias las tomamos únicamente después de habernos concedido el tiempo de sanarnos y reponernos.

Para poder recibir y alimentar cualquier semilla de esperanza que plantemos, nuestro corazón debe estar restablecido y dispuesto.

Recordar y proteger nuestra esencia

En buena medida, la desesperanza es un sentimiento de separación: separación de nosotros mismos, de los demás, de nuestra comunidad y de Dios. Con diferencia, la conexión más importante que cada uno de nosotros tiene es con nuestro Yo verdadero. Pero, a veces, nos hemos desplazado tan lejos de nuestra auténtica naturaleza que necesitamos hacer una pausa para recordar deliberadamente quiénes somos:

seres bellos y prodigiosamente espirituales atravesando experiencias humanas, a veces llenas de dificultades.

El especialista en cáncer Bernie Siegel utilizaba una pregunta que puede servirnos de test para averiguar cómo nos sentimos con nosotros mismos. Su interpelación es la siguiente: «Si viniera Dios y te dijera: "Quiero que seas feliz durante el resto de tu vida", ¿qué harías?». Aquellos de nosotros que respondiéramos con honestidad: «¡Adelante, puedo hacerme cargo de ello y lo merezco!, seríamos grandes amigos de nosotros mismos. A la mayoría de nosotros, sin embargo, la incredulidad nos llenaría de dudas o nos haría sentirnos indignos de semejante recompensa. Nos convendría trabajar un poco la amistad con la persona que tenemos más cercana.

Como sé que me cuesta bastante creer en mi propia bondad, suelo rodearme de pequeños mensajes de ánimo que espolean mi memoria. Por ejemplo, en mi escritorio hay una tarjeta que dice simplemente: *Recordar quién soy yo*. Lleva añadidas otras dos afirmaciones. Una de ellas, del sabio chino Lao Tse, asegura: «Cuando estés contento de ser simplemente tú mismo y no te compares ni compitas, todo el mundo te respetará». La otra procede del envoltorio de un trozo de dulce de chocolate que apareció por primera vez en un momento en el que me sentía especialmente inútil y desesperada en relación con cierta situación familiar. Dice así: «Tú eres la estrella a la que aguardan todos los atardeceres».

Si eres capaz de recordar tu esencia con mayor facilidad que yo, un comentario directo como: «Vaya, he olvidado quién soy», puede bastar para ponerte de nuevo sobre la pista.

> *Al reconectar de manera consciente con*
> *nuestro verdadero Yo,*
> *podemos erradicar el desaliento*
> *y cultivar sentimientos de esperanza.*

Hace tiempo ideé el eslogan: «Sé bondadoso contigo mismo y con los demás» para mi tarjeta de negocios porque necesitaba incorporar urgentemente un poco de ternura en mi propia vida. Me resultaba fácil ser compasiva y acogedora con mis clientes y mi familia, pero, con frecuencia, yo no salía tan bien parada. Con el paso de los años, la amabilidad y la aceptación han arraigado en mi corazón y puedo decir sin faltar a la verdad que soy buena amiga de mí misma la mayor parte del tiempo. Por supuesto, he contado con mucha ayuda. Si en la actualidad vuelvo a recaer en los viejos hábitos, mi marido, Gene, dirá: «¿Es esta una forma amable de tratarte?». Mis amigos y mis hijos hacen lo mismo. De hecho, los amigos y los hijos pueden ser unos cómplices maravillosos a la hora de recordarnos quiénes somos. Pueden reflejar nuestro verdadero Yo cuando nuestros estanques interiores tengan demasiado lodo como para servirnos de espejo.

PRÁCTICA PARA CONGRACIARNOS CON NOSOTROS MISMOS

Tómate unos minutos para sopesar las siguientes preguntas:

1. ¿De qué manera podría ser mejor amigo de mí mismo?
2. ¿Dónde necesito ser más amable y bondadoso conmigo?
3. Si Dios me dijera que quiere que sea feliz durante el resto de mi vida, ¿podría aceptarlo?

Permitir la entrada de familiares y amigos

Como muchas veces en la vida he tenido grandes necesidades emocionales, a menudo he pedido ayuda aunque también me he sentido secretamente avergonzada al hacerlo y «molestar» así a mi familia y mis amigos. He llegado a la conclusión, no obstante, de que no querer recibir es tan mezquino como no ser capaz de dar cuando hay necesidad y es el momento adecuado. Como observamos enseguida en las catástrofes, la gente quiere ser útil. Cuando damos sentimos que servimos para algo, por lo tanto, dar y tomar son cosas buenas. Puesto que el hecho de recibir ayuda facilita y acelera el proceso de sanación, seremos capaces de compartir los frutos del amor con los demás mucho antes.

La Madre Teresa nos aseguró: «El amor es una fruta que está siempre de temporada». De hecho, anhelamos procurarnos unos a otros la dulzura que llevamos dentro. Cuando somos capaces de recibir ayuda y apoyo de familiares y amigos, les damos la ocasión de compartir los frutos de su amor con nosotros y nos damos a nosotros la oportunidad de sustentarnos y reponernos. Rechazar la ayuda de los demás, por otro lado, sería como decir: «No puedo aceptar tu fruto porque es más dulce de lo que yo merezco» o, tal vez: «Tu fruto no es lo bastante dulce para mí».

> *Es un don tanto el dar como el recibir amor y tierno apoyo.*

Recientemente, en la iglesia, durante la lectura del Antiguo Testamento, escuché el relato de cómo Dios le daba a Moisés el poder de golpear una roca y obtener así agua para los sedientos y refunfuñantes judíos a los que guiaba hacia la Tierra Prometida. Al oírlo, empecé a enumerar a las personas que tienen la capacidad de tocar (metafóricamente hablando) mis rocas de pesadumbre y hacer que el agua se derrame por mi espíritu cuando me arrastro por una tierra baldía. La respuesta obvia es Dios, pero a menudo Él/Ella opera a través de las personas. Para cuando terminó la celebración eclesial, yo estaba rebosante de gratitud por la cantidad de amigos y suministradores de agua con los que cuento.

PRÁCTICA PARA RECORDAR QUIÉN TE PROPORCIONA SOLAZ Y APOYO

Por favor, tómate un poco de tiempo para considerar quién golpea la roca para ti cuando estás reseco y necesitas flotar en las aguas de la compasión, el auxilio y la aceptación. ¿Quién te sostiene en su corazón cuando tú no eres capaz de sustentarte con benevolencia y ternura? ¿Quién te proporciona el coraje y la voluntad de seguir adelante? ¿Quién te hace regresar al pozo de esperanza inmanente que hay en ti? A mí me gusta hacer dos listas: una enumerando aquellos que me aportan solaz y apoyo y otra con la relación de las personas a las que yo proveo de las aguas del amor y la esperanza.

«A veces tenemos que derrumbarnos para poder seguir avanzando», me dijo un sacerdote amigo. Cierto, pero es mucho más seguro y productivo derrumbarse cuando tenemos ayuda cerca, lista para acudir al rescate. Al permitir a los amigos y familiares el acceso a nuestro corazón y nuestra alma en tiempos de quebranto les ofrecemos el don de ser útiles y nos facilitamos a nosotros mismos conexión y apoyo en tanto que damos el siguiente paso.

PRÁCTICA PARA SER MÁS BONDADOSO CONTIGO Y CON LOS DEMÁS

Anota uno o dos pequeños pasos que puedas dar hoy para empezar a ser más benevolente contigo mismo y, en consecuencia, con el prójimo. Por ejemplo, podrías decidir dejar de hacerte reproches o de presionarte para hacer más cosas de las que puedes, o cantarle las cuarenta a alguien que te está tratando injustamente. Solo tú sabes cuál es el mejor modo de congraciarte contigo mismo y, en consecuencia, de restablecer y volver a nutrir el terreno de tu ser.

Por supuesto, si tu vida se encuentra fuera de todo control o tienes comportamientos destructivos o crueles, puede que necesites ayuda para volver a conectar con tu Yo verdadero. Si te sientes así de descentrado, ve corriendo —no andando— a buscar un terapeuta o un grupo que te pueda ayudar a sanar las creencias, las heridas o los malentendidos que están causando la conducta destructiva o el desaliento.

Descansar y recolectar

Hay una historia maravillosa sobre unos indígenas que trabajaban de porteadores para un grupo de exploradores europeos. A los pocos días de comenzar el viaje, los porteadores se negaron a moverse de la sombra a pesar de las repetidas protestas y amenazas de sus patrones. Finalmente, consiguieron hacer comprender a los exploradores que en su cultura se descansaba un día a la semana, sin falta, para «permitir que sus almas alcanzaran a sus cuerpos». También nosotros necesitamos descansar para poder cosechar la sabiduría acumulada a través de las experiencias, especialmente aquellas más difíciles.

Apresurarse a saltar inmediatamente al siguiente asunto, cual es nuestra tendencia habitual, malogra el proceso de asimilación mediante el cual adquirimos conocimiento y crecemos a partir del dolor. En lugar de esto, lo que conviene hacer tras una ardua ascensión a través del miedo o el sufrimiento es pararse y dejar que nuestras almas alcancen a nuestros cuerpos, e invitar al discernimiento a ponerse al nivel de nuestra experiencia.

Descansar en una meseta de aprendizaje nos permite cosechar sabiduría de lo vivido.

Nos da tiempo para «Llegar Adentro», «Llegar Arriba» y «Llegar Afuera», que es como mi mentora, Annabelle, describe los espacios que hay entre la experiencia, la asimilación y la comprensión.

Llegar Adentro: Exploración interior para filtrar y ordenar las lecciones que ofrecen las experiencias y recolectar entendimiento de ellas.

Llegar Arriba: Pedirle a Dios que nos ayude a cosechar sabiduría de las vivencias y tener el coraje de hacer los cambios que se precisen o se deseen.

Llegar Afuera: Acercarnos a otras personas que atraviesen procesos similares y conectar con ellas.

> *Amarnos a nosotros mismos lo suficiente es la clave para casi todo.*

Durante muchos años, mi amiga Bonnie y yo hemos dirigido seminarios para mujeres. Puesto que es tan fácil, especialmente para nosotras, olvidar nuestra propia sabiduría, les dábamos a las participantes tarjetas en las que ponía, simplemente: *¡Yo sé!* Sabemos.

Sin embargo, para saber que sabemos, es preciso que nos tomemos tiempo para descansar y escuchar en profundidad. Al hacerlo, la sabiduría de nuestros corazones puede alcanzar a nuestros cuerpos y nuestras emociones, instruyéndolos y restaurándolos. Así es como se restituye el amor a uno mismo —partiendo de la atención mansa y silenciosa a nuestros susurros interiores.

Cuando nos amamos lo suficiente, reparar y restablecer el terreno de nuestro ser resulta aceptable, escuchar a la sabiduría de nuestros corazones se convierte en una segunda naturaleza (probablemente se trataba de la primera, antes de ser cercenada por el miedo, el dolor y las enseñanzas erróneas) y confiar en que sabemos lo que es bueno, justo e ilusionante es un don que se nos da por añadidura.

Vivir livianamente

Hace algunos años, fruto del deseo de una mayor paz espiritual y de la necesidad de atender ciertos aspectos relativos a nuestra salud, mi marido y yo decidimos conscientemente simplificar nuestras vidas y aligerar nuestras actitudes. Adoptamos la filosofía del «Menos es más», con mi pequeño giro personal: «Menos es más... relajante».

Si lo queremos de verdad, la mayoría de nosotros podemos simplificar y despejar, sea cual sea nuestra edad o nuestra etapa vital. Si nos amamos y apreciamos lo suficiente, podemos decidir pasar más tiempo en el sillón y menos haciendo malabares para llevar adelante programas apretados. Del mismo modo que una demanda excesiva de energía eléctrica, en relación con las fuentes disponibles, puede producir un apagón en toda la ciudad, nosotros, también somos seres de luz a menudo saturados por la exigencia de brillar más y mejor, por encima de nuestra capacidad. La depresión y la desesperanza son señales que nos indican que nuestros circuitos están sobrecargados: experimentamos apagones físicos, emocionales y espirituales.

«Vuelve tu rostro hacia el sol y las sombras caerán tras de ti», dice un proverbio maorí. ¿Por qué no vuelves tu rostro hacia el sol a la espera de mayor ligereza y levedad en tu vida? ¿Cómo te sentirías si aligeraras tu carga de compromisos acumulados, si remarcaras tus actitudes y comentarios con humor, si redujeras tu nivel de estrés y rebajaras tus exigencias de perfección? ¿Más esperanzado, acaso?

> *Si te decidieras a volver el rostro hacia el sol y a ser más bondadoso contigo mismo, ¿que podrías añadir o quitar en tu vida?*

Patti (una líder religiosa amiga mía) me hizo una bella sugerencia que verdaderamente me ha ayudado a aligerar mi vida. Me dijo: «He decidido que estoy cansada de vivir bajo el yugo del perfeccionismo. Mi nuevo lema es: ¡Ya está suficientemente bien!». Cuando, ingenuamente, pregunté: «¿El qué?», ella exclamó con gran entusiasmo: «¡Cualquier cosa!».

Aunque al principio tenía mis dudas sobre si sería capaz de incorporar esa actitud de «suficientemente bien», de hecho me ha resultado bastante fácil e increíblemente liberadora. Os animo a que lo intentéis. Si eres una persona que te riges por lo visual, puedes probar a pegar por tu casa o tu oficina algunos recordatorios que digan: «Está bastante bien». Sé que a mí esto me funciona.

Hablando con Harriett, mi compañera de mesa en clase de acuarela, me llamó la atención el impacto que la esperanza y el humor tienen en su vida. «Mi marido ha vivido con cáncer durante los últimos once años, y la esperanza es lo que lo mantiene con una actitud positiva», me comunicó. «La esperanza y el sentido del humor nos han hecho superar todas las ordalías. Ya han desistido de aplicarle ningún tratamiento, así que a partir de ahora solo nos quedan la esperanza y el humor». Entonces pintó una bella puesta de sol, porque cada crepúsculo le hace «dar las gracias por un día más junto a la persona a la que amo». Harriett y su marido saben, sin duda alguna, cómo aportar luz a una situación que, para muchos, podría ser muy oscura.

El humor, ciertamente, es uno de los mejores rayos de sol de los que disponemos. Aligera nuestros corazones y aumenta la producción de endorfinas en nuestro cerebro y nuestro cuerpo. El humor es la cara positiva de una situación desastrosa. Incrementa nuestra conciencia de la gracia y la bondad que nos rodean y nos ayuda a sobrellevar la mala voluntad y la animadversión. Como dice la escritora Anne Lamott: «La risa es santidad con gas».

Promover la salud

Después de que su domicilio fuera asaltado y desvalijado, una mujer optimista por naturaleza respondió así al preguntarle cómo se encontraba: «¡Pollyanna carecía de estómago!». Una respuesta genial. Aunque tenía una nota de humor, su honesta reacción hacía saber a la gente que ella y su estómago estaban muy trastornados por la destrucción, la pérdida y el desastre que había en su hogar. Incluso cuando deseáramos poder negar nuestro dolor físico y emocional, nuestros cuerpos tienen su propia opinión. A pesar de que nuestras bocas digan: «Oh, estoy bien», nuestros cuerpos reaccionan sinceramente a través de la incomodidad, la enfermedad y el agotamiento. Están diseñados para procesar y expresar la oscuridad y el malestar. Nos convendría escucharlos cuando tratan de llamar nuestra atención.

Cuando ya había avanzado bastante en la escritura de este libro y pensaba que había superado mis temores iniciales al abordar un tema de esta magnitud, me pareció que tenía una débil gripe recurrente porque notaba molestias en el estómago buena parte del tiempo. En realidad, lo que tenía era una «gripe de negación». Después de un periodo sabático de dos años, tenía miedo de no poder volver a escribir, pero no me permitía a mí misma ver cómo el miedo me fastidiaba el estómago. Sin embargo, ni mis sueños ni mi cuerpo se creían esta «negación» y ambos continuaron molestándome hasta que encaré mi miedo, lo abracé y empecé a cuidarme. Al respetar mis sentimientos, compartirlos con personas en las que confiaba y moverme a través de ellos con toda la suavidad que puede, comencé a vislumbrar la luz de la esperanza tras las nubes de la duda. Milagrosamente, también me recuperé de la «gripe».

A medida que aprendemos a aceptar, respetar y expresar constructivamente nuestros sentimientos, nuestros cuerpos se liberan y son capaces de mantener o recobrar la salud de manera más rápida y eficaz.

Mi acupuntora, Mary Ellen, me explicó que la medicina china no hace distinciones entre cuerpo, mente y espíritu, sino que enseña que todos tenemos diferentes resistencias e inclinaciones cuando la salud de nuestros cuerpos experimenta alguna deficiencia. Hay personas cuyo ánimo nunca decae incluso sufriendo enfermedades graves o crónicas, y otras cuyo espíritu se quebranta con la menor sospecha de algún padecimiento. Mary Ellen y uno de sus hijos entran dentro de esta última grupo. Me lo explicaba así: «Sencillamente tenemos que pararnos y meternos en la cama incluso por una leve irritación de garganta. Aunque pueda ser un fastidio, es la única manera de recuperarnos rápidamente». Sea cual sea la categoría en la que encajes, no hay motivo para sentir vergüenza o forzarse más allá de los propios límites: cada uno de nosotros tenemos una constitución diferente. Hazte el regalo de conocer y aceptar la tuya, y concédele a tu cuerpo el don de impulsar tu sanación actuando en consecuencia.

Aunque todos sabemos que el ejercicio es bueno tanto para el cuerpo como para el alma, quiero referirme a ello brevemente. Las bolas de cristal decorativas con nieve dentro proporcionan una maravillosa metáfora para describir el modo en que el ejercicio vivifica nuestro cuerpo y levanta nuestro ánimo. Es preciso moverlas para que se vea y centellee el resplandor que llevan dentro. Lo mismo puede decirse de nuestros cuerpos. Si no los movemos y los sacudimos un poco, la energía de nuestro organismo y nuestro espíritu alcanza cada vez niveles más bajos. La energía estancada produce un montón de dolencias, entre ellas dificultades para dormir, estrés incesante, ansiedad, desesperanza, síntomas asociados a la menopausia, irritabilidad, letargo, falta de entusiasmo y mengua del deseo sexual. Cuando nos convertimos en «meneadores y agitadores» de nuestros cuerpos, nuestra salud recibe un empujón muy necesario.

Para reparar y restaurar el terreno de nuestro ser, y para que la chispa de esperanza inherente que llevamos dentro se exprese, debemos energizar la totalidad de nuestro Ser-cuerpo, mente, emociones y espíritu.

Relajarnos para recibir y recuperarnos

> Debemos perder el miedo al descanso. Hay quien mantiene alta la moral (definiendo moral como la creencia en la propia causa) permaneciendo siempre ocupado.
> Hemos hecho un fetiche de la acción enfebrecida.
>
> HOWARD THURMAN

Junto con el adagio «Hay más bendición en dar que en recibir», muchas personas perecen creer en este otro: «Relajarse da origen a todos los males». Nos sentimos perezosos e indulgentes por el mero hecho de pensar en poner las piernas en alto y descansar. Reconocemos lo bueno que es dar, pero somos mezquinos a la hora de recibir. Mas, a veces, para dar a nuestros cuerpos, mentes y emociones el espacio que necesitan para restaurar, reponer y alimentar las semillas de la esperanza, tenemos que permitirnos descansar y relajarnos a fin de recibir y recuperarnos. Con objeto de recordarle a su yo «dador» que recibiera, mi amiga Sue se cambió el reloj a la muñeca derecha. Ella lo explica así: «Es bastante incómodo, pero me hace tener presente que debo callarme y abrir mi mano izquierda (la mano receptora en muchas tradiciones) y permitir gentilmente que la gente me dé». Puesto que el marido de Sue se está «desvaneciendo» delante de sus ojos, es especialmente importante que se permita a sí misma ser amada, apoyada y ayudada.

> *Añadamos a nuestro repertorio alguna creencia nueva en torno al apoyo generoso:*

Hay tanta bendición en recibir como en dar y
Para reponerse hay que relajarse.

Relajándonos genuinamente y recibiendo con donaire podemos hacer que nuestra vida y nuestro corazón se animen de un modo que es difícil de imaginar cuando nos hallamos sujetos por una cadena de hiperactividad, aridez espiritual, inconsciencia y una mentalidad desmesuradamente individualista, según la cual cada uno ha de sacarse las castañas del fuego por sí mismo.

Confortarnos a nosotros mismos

Otra manera de estar más receptivos consiste en aprender a confortarnos a nosotros mismos. Aparte del chocolate, puede que no sepamos qué es lo que nos proporciona alivio o quién necesita consuelo en nuestro interior. Pero podemos averiguarlo mirándonos por dentro con delicadeza y preguntándonos qué es lo que ahora mismo nos resultaría alentador.

Te habrás percatado de que he dicho «quién... en nuestro interior». Esto se explica porque hay varios aspectos individuales de la totalidad de nuestro Yo que operan en nosotros en todo momento. Aunque se los denomina de muchas maneras, yo los llamo *subpersonalidades*. Cuando estamos tristes, enfadados, ansiosos o asustados, podemos ponernos en contacto directo con ellas preguntándonos: «¿Quién se siente así dentro de mí?». Como soy una persona en la que predomina el sentido de la vista, generalmente «veo» aquella parte de mí que necesita mi amor. Con mucha frecuencia se trata de una chiquilla o una joven veinteañera. Una de mis clientes se guía más por el oído y «oye» las respuestas. Otras personas ni ven ni oyen los mensajes, pero sencillamente saben quién necesita consuelo en su interior. No importa el modo en el que percibamos a nuestras subpersonalidades, lo relevante es que les preguntemos qué es lo que quieren y necesitan de nosotros ahora y que hagamos lo posible por atender sus peticiones.

Voy a daros un pequeño ejemplo. El otro día sentía que no daba abasto, ni emocionalmente ni en cuestión de tiempo, y que no era capaz de sacar adelante todo lo que había que hacer. Incluso elegir qué ponerme se me hacía cuesta arriba. Así que, de pie dentro del vestidor, me pregunté quién se sentía tan agobiada y «vi» una faceta más joven de mí misma que me decía que anhelaba y necesitaba a mi madre. Como mi madre murió hace quince años, le pregunté a mi yo desvalido si sería suficiente con llevar el jersey de mi madre y concentrarnos en tratar de sentir su amor en torno a nosotras a lo largo del día. Y eso fue lo que hicimos. Durante todo el día me animé a sentirme envuelta por el amor de mi madre y su fe en mí. Sustentada por este afecto, me sentí menos sola y pude concentrarme en cada pasito que daba hasta que conseguí ocuparme de la mayoría de las cosas.

Jan, una cliente maravillosa que se encuentra en una situación matrimonial muy complicada, utiliza una imagen de uno de sus sueños para consolarse cuando duda de su capacidad para tomar las decisiones más convenientes para ella y para su hija. En el sueño hay una reina sentada en lo alto de una colina recibiendo a los amigos que han acudido a ella en busca de su sabiduría y consejo. Dándose cuenta de que los personajes de los cuentos a menudo representan aspectos de nosotros mismos, Jan me dijo con gran animación: «Entonces todos mis "yo" asustados pueden acudir a la reina sabia que hay en mí para encontrar respuestas, ¿a que sí?». Claro que sí. Todos tenemos en nuestro interior la sabiduría y la compasión que precisamos para confortarnos y preparar el terreno de nuestro ser para la siembra de semillas de esperanza.

Otra manera de consolarnos y reconstruirnos consiste en afirmar aquello que nos proponemos. Si necesito ratificar mi bondad o mi valor, utilizo aseveraciones tales como: «Soy una persona valiosa y afectuosa a pesar de que cometa errores. Creo paz y armonía en nuestro planeta creando primero paz y armonía dentro de mí misma». O también: «Me permito a mí misma descansar en los brazos invisibles de Dios». Al principio, nuestra mente consciente se mofará de lo que le parecerán zalamerías, pero poco a poco nuestro subconsciente irá integrando el mensaje positivo y comenzará a sentirse más centrado y en paz.

No sé si vosotros seréis más afortunados, pero la paciencia no es uno de mis fuertes. Por lo tanto, para desviar los efectos de la inquietud y la obsesión, necesito algunos recordatorios que me ayuden a adquirir conciencia. Uno de ellos es un aforismo oriental que Abe Lincoln citó ante la gente de Illinois, al tomar el tren hacia Washington para convertirse en presidente de una nación dividida en dos. Y dice así: «Y esto también pasará». He pasado muchas noches despierta en la cama asegurando a una subpersonalidad temblorosa: «Esto también pasará» y «Dios me está amando ahora».

Si ninguna de las sugerencias que he propuesto te resulta reconfortante, tal vez alguna otra de las que salpican estas páginas resuene en el interior de tu corazón. Si no es así, no pasa nada, porque dentro de ti hay una subpersonalidad sabia y compasiva que sabe cómo serenar tu espíritu y sosegar tu mente.

PRÁCTICA PARA DESCUBRIR TUS ALIADOS INTERNOS

Tómate un instante para preguntarte: ¿Quién dentro de mí sabe cómo calmar mi espíritu y aquietar mi mente? ¿Qué es lo que puede hacer él o ella para reconfortarme? Comprométete a honrar la sabiduría recibida y actuar en consecuencia.

Mandarlo al piso de arriba de un puntapié

Uno de nuestros mejores aliados a la hora de sembrar esperanza es Dios. Al volvernos hacia Dios con nuestras preocupaciones, tomamos una suerte de atajo hacia la esperanza y la sanación. La expresión «Soltar y dejárselo a Dios» refleja esta idea. Mi amiga y madre espiritual Anabelle lo llama *Mandarlo al piso de arriba de un puntapié*. La idea de enviar algo escaleras arriba me gusta porque tiene un leve toque de humor, y, como no soy todavía una alumna de Sobresaliente en el apartado de soltar, siempre pienso que así puedo subir corriendo los peldaños y recuperar mis preocupaciones en caso de que hiciera falta.

Por supuesto, para la mayoría de nosotros, «soltar» no es algo fácil de llevar a la práctica. Incluso cuando estamos convencidos de su conveniencia y su capacidad sanadora, las expectativas que tenemos sobre nosotros mismos y los demás suelen hacerlo difícil. Las expectativas suelen venir equipadas con garras que se aferran y llevan letreros admonitorios del tipo de: «¡Yo debería ser capaz de manejar esto!» o incluso peores: «¡Nunca debí hacer/decir tal o cual cosa!». Cuando tenemos miedo a soltar es, pura y llanamente, porque nos resistimos. Nos resistimos a ser quienes somos, a lo que es y a lo que podría ser.

La resistencia —tanto si viene disfrazada de ira, de depresión o de reproche— encierra nuestro corazón en una prensa de acero y aprisiona nuestra alma en miedo petrificado. Es un entorno tóxico para el cultivo de la esperanza. Por eso necesitamos «Soltar y dejárselo a Dios», a través de la oración, la afirmación o la empatía. El escritor Gail Sheehy escribe: «Al darnos cuenta de que nuestra seguridad no depende de nadie más nos anima a encontrarla dentro de nosotros mismos». Y, yo aconsejaría, también en una sólida fuente espiritual.

Aunque todavía no mando las cosas al piso de arriba fácilmente y con donaire, he encontrado fórmulas que me ayudan a remolcar hasta allí mis penas y las penas del mundo y dejárselas a Dios. En primer lugar, resulta de gran ayuda simplemente recordar que quieres soltar y dejar que Dios se haga cargo de lo que tu no puedes despejar y resolver. Para mí, el primer paso a la hora de soltar siempre consiste en expresar los sentimientos de rabia o tristeza que hay en el interior de mi alma escribiendo, pintando, meditando o simplemente despotricando. Mi coche ya está acostumbrado a estos desvaríos. En segundo lugar, hablo con amigos o familiares de confianza. Después de la liberación verbal inicial, empieza de veras el trabajo interior. Otro modo de pedir ayuda y mandar las preocupaciones al piso de arriba es cantando plegarias al salir de casa. He aprendido a cantar el Padrenuestro en la lengua nativa de Jesús, el arameo. Me gusta dedicar la oración a cierta preocupación o persona y después entonarla repetidamente. Esto alivia enormemente mi corazón dolorido. También compongo canciones según el asunto en el que me esté debatiendo. En estos momentos, mi canción favorita para soltar es: «Tu voluntad, Señor, no la mía! ¡Tu voluntad, señor, no la mía!».

La mayoría de los sentimientos que necesitamos liberar se alojan en nuestras entrañas. Elevar la energía del «enojo» desde el plexo solar hasta el centro del corazón es una herramienta extremadamente poderosa que nos sirve para soltar y transformar.

PRÁCTICA PARA LIBERAR EL ENFADO

Cierra los ojos y permítete sentir cómo bulle la energía en la zona del plexo solar. Puedes verla en forma de símbolo si eso te sirve de ayuda. Pide a ayudantes angélicos, u otros cualesquiera que encuentren eco en tu interior, que te ayuden a elevar la energía hasta tu corazón, donde puede ser transformada y enviada al mundo en forma de amor o comprensión.

No te desilusiones si no te sale bien al principio. Las emociones son tenaces y no muy proclives a moverse fácilmente. Llevo muchos años haciendo este ejercicio y todavía necesito hacerlo repetidamente con algunos sentimientos y situaciones antes de experimentar el más leve movimiento. La perseverancia suele recompensar a larga, y los sentimientos se aligeran y se transforman.

Si este método no te funciona, te animo a que busques tus propios métodos para mandar tus preocupaciones al piso de arriba de un puntapié, hasta el Amado, que te quiere y desea cuidar de ti y confortarte.

Paladear el sueño

Uno de los amigos más leales de la esperanza es el sueño. Dormir nos trae los sueños, repara los cuerpos y aquieta los espíritus. Sin el bálsamo del dulce sueño, incluso las crisis más diminutas parecen gigantescas y prácticamente imposibles de manejar. Entonces, ¿por qué nos cuesta tanto sucumbir al sueño cuando estamos alterados y más lo necesitamos? Algunas personas son sencillamente de poco dormir, pero la mayor parte de los insomnios probablemente tiene que ver con los Monos Furiosos del Pensamiento, que gritan y saltan continuamente entre las ramas de nuestro cerebro. Estoy segura de que conoces esas voces que, tras la apariencia de la cafeína, agobian, reprochan, planean y traman. Las que te dicen lo horribles que son las cosas y cuánto más horribles parece que van a ponerse. Las que te reprenden y te abochornan. Algunos de nosotros oímos a los Monos de la Preocupación, otros a los Monos del Remordimiento, a los Monos del Miedo o al, en ocasiones, amistoso Mono de la Excitación. Da lo mismo; todos ellos rechazan el sueño.

Afortunadamente existen algunos tranquilizantes naturales maravillosos que pueden acallar al mono de la mente y permitirnos saborear el confort y el consuelo del sueño. Si el disgusto o la obsesión te mantienen despierto, puedes probar a realizar la siguiente técnica en tres pasos.

PRÁCTICA PARA SUSCITAR EL SUEÑO

1. Descarga los pensamientos más persistentes, anotándolos en un papel que puedes poner a buen recaudo o hacer pedazos.
2. Haz durante unos minutos unos estiramientos suaves o unos ejercicios ligeros de yoga.
3. Tómate un vaso de leche caliente con una chispita de canela.

El doctor Richard Shane, psicoterapeuta y experto en trastornos del sueño de Boulder, Colorado, enseña a sus clientes que la clave del sueño es sentirse seguro y que podemos ayudarnos a nosotros mismos a sentirnos seguros llevando nuestras mentes al interior de nuestros cuerpos. Estas son algunas de sus sugerencias.

1. Deja que tu lengua se relaje.
2. Siente cómo tu pecho se levanta y se hunde suavemente sin tratar de modificar la respiración.
3. A medida que tu pecho se va sintiendo más y más cómodo, tu mente puede descansar en esa sensación.

Según el doctor Shane, al calmar el cuerpo y la mente y llevarlos a un estado de sosiego, se crea una sensación de seguridad que induce al cerebro al sueño.

Si, después de haber hecho todo lo que está en tu mano, el sueño sigue sin venir, lo mejor es entregarse a la oración y utilizar el tiempo para bendecir el planeta y a todos aquellos que estén en tu mente y en tu corazón. Es también una buena ocasión para expresar la gratitud. Una amiga mía que suele encontrarse con los ojos como platos en medio de la noche dice: «Si yo estoy despierta cuando todo el mundo parece dormir, supongo que Dios necesita que rece, y eso es lo que hago».

El sueño es un médico interior que sana con delicadeza nuestros cuerpos, mentes, emociones y espíritus. Invítalo a tu corazón y a tu lecho y saborea el alivio y la curación que te otorga.

Ahora que ya hemos sembrado semillas de esperanza, es hora de observar cómo echan tímidamente tiernos brotes en pos de la luz del sol y, finalmente, florecen de nuevo.

Capítulo III

El cultivo de la esperanza

Tras las barricadas
      de la mente y el sentimiento,
la esperanza aguarda,
      en el corazón,
anhelando ser bien recibida
      de vuelta a casa.

La autora

El otro día divisé un minúsculo pensamiento que asomaba su animado rostro a través de una grieta en un bordillo de la acera. Mi compañera de paseo, Judith, y yo nos detuvimos a felicitar a «Pensamiento» por su capacidad para florecer en invierno, especialmente en un lugar tan impensable. Vimos en él una metáfora de la calzada. No solo había encontrado suficiente sustento para sobrevivir en medio del cemento, sino que además compartía su belleza con dos mujeres llenas de frío y cansancio.

Al igual que hizo Pensamiento, podemos crear un entorno dentro de nosotros que anime a las semillas de esperanza a florecer y mostrarse al mundo. La flor necesitó al menos unas cuantas condiciones de habitabilidad: una pequeña cantidad de tierra en la que plantar sus incipientes raíces, un poco de sol y un mínimo aporte de agua. Al contrario que el bordillo de nuestro Pensamiento, nuestro hábitat para el cultivo de la esperanza contiene ideas, sentimientos y actitudes que no son inamovibles y, por tanto, pueden ser despejados y transformados para que dejen de obstruir nuestro crecimiento y nuestra felicidad.

> *Con conciencia, intención y esfuerzo, podemos cultivar un jardín de esperanza en nuestras mentes y corazones.*

Sé que es posible cultivar el jardín interior porque mi propia mente solía estar atestada de maleza y solo alentaba de aparición de espinos e higos chumbos. Tomándome el tiempo necesario para acceder a mi verdadero Yo en el santuario de la calma y la soledad, he podido arrancar las malas hierbas de raíz y me he vuelto más esperanzada.

Escardar la maleza de nuestra mente

> Si no te gusta lo que está ocurriendo en tu vida, cambia tu mente.
>
> Su Santidad el Dalái Lama

¿De dónde proceden nuestras malas hierbas internas? Cuando somos pequeños y no hemos desarrollado del todo nuestra capacidad de discernimiento absorbemos mensajes erróneos del tipo: «No soy lo bastante bueno, listo o atractivo» procedentes del mundo en general y de los adultos que tenemos más cercanos. A pesar de ser inciertos y tener capacidad para anularnos, esos mensajes se convirtieron en nuestras creencias subyacentes e implícitas y han continuado guiando nuestras vidas. *Subyacentes* es la palabra adecuada, ya que estas creencias se encuentran por debajo de nuestra conciencia. Y nos muestran una realidad engañosa. Puesto que la mayor parte de estos valores, convicciones y actitudes se hallan escondidos, no nos damos cuenta de hasta qué punto gobiernan nuestras acciones y reacciones.

¿Por qué creemos estas falsedades? Porque nuestras mentes tienen dos caras. Una amiga y otra enemiga. La cara amiga, junto con Dios, es creadora y nos lleva a las más elevadas cumbres de la creatividad, el amor y el gozo. La cara enemiga destruye todo aquello que queremos y necesitamos y puede abocarnos literalmente al infierno de la desesperanza, la autodestrucción y el miedo. La noticia maravillosa es que no nos limitamos a ser las desdichadas víctimas de los caprichos de nuestra mente. De hecho, el poder más grande que nos ha otorgado Dios es el poder de *cambiar* nuestras mentes. Podemos rastrear conscientemente las mentiras y trasformarlas.

Todos los productos de la mente —pensamientos, creencias, suposiciones, intenciones, aspiraciones— son formas de energía magnética. Ya que lo parecido se atrae entre sí, la oscuridad, la desesperación y el miedo atraen acciones, reacciones y circunstancias con una energía similar. Por ejemplo, si tenemos la secreta convicción de que no estamos a la altura —no importa de qué o de quién—, es probable que saboteemos nosotros mismos nuestra capacidad para brillar incluso en áreas en las que poseemos múltiples talentos. Si creemos en ese espantoso adagio: «La vida es dura y después te mueres», seguro que estamos obrando de ese modo. O si nos tragamos la idea de que el mundo en su totalidad se está yendo al infierno irremediablemente, nuestro pequeño rincón en el planeta será probablemente bastante infernal. Afortunadamente, lo contrario también es cierto. Las actitudes y las creencias que reflejan luz, amor y aceptación nos traen más de esto mismo. Con gran frecuencia, incorporar este sencillo principio a nuestras vidas requiere mucha determinación, deseo y perseverancia. Pero todos los esfuerzos que hagamos por convertir a nuestras increíbles mentes en amigas y compañeras de juegos se verán recompensados.

Para empezar, tenemos que arrancar de raíz las creencias que nos limitan.

Extirpar lo negativo: Plantar lo positivo

Una de las primeras cosas que tenemos que saber es que tener pensamientos negativos no es algo vergonzoso o indicativo de un temperamento mezquino. Es simplemente el resultado de ser humanos. Estamos vivos y, por consiguiente, al menos alguna vez, tendremos que vérnoslas con pensamientos que nos hablen de temor y de desaliento. Mark Twain nos ayuda a aceptar esta verdad cuando nos dice: «El valor es la resistencia al miedo, el dominio del miedo —no la ausencia del mismo». Yo prefiero usar la palabra transformación en lugar de dominio, pero la idea es la misma: el Miedo sencillamente existe. Pero tenemos la libertad de elegir lo que queremos hacer con él.

Imagino que debe haber por ahí algunas personas tocadas con el don de poder despejar los hierbajos de sus mentes sin esfuerzo, como si fueran hornos autolimpiables. Pero la mayoría de nosotros tenemos que escarbar entre las sustancias dañinas de nuestros pensamientos para extirpar las ideas pesimistas, despejar un pedazo de terreno y plantar semillas de esperanza, amor y expectativas optimistas. Para ello, puedes tratar de seguir los siguientes pasos:

PRÁCTICA PARA LIMPIAR LA MENTE DE MALAS HIERBAS

1. Conciencia. Nuestros pensamientos crean los sentimientos y emociones que experimentamos en nuestros cuerpos y almas. Llevar los pensamientos a la luz de la conciencia nos

da la oportunidad de cambiarlos y, por consiguiente, de suavizar y dulcificar los sentimientos que generan. Todo cambio comienza por la conciencia interior.

a) Cuando te asalte un sentimiento incómodo, préstale toda tu atención. Explóralo con delicadeza en lugar de negarlo o huir de él. Hazte las siguientes preguntas:

- ¿Qué estoy sintiendo?
- ¿Quién porta este sentimiento en mi interior?
- ¿Qué es lo que me digo a mí mismo, en la intimidad de mi mente, para alimentar este sentimiento? (Resulta útil anotar las respuestas.)
- ¿Qué miedo se halla en el fondo de este sentimiento?

b) Acéptate tal y como eres ahora —una persona que está decidiendo qué sentimientos y pensamientos necesita podar o arrancar de raíz. Siente que tienes el valor necesario para hacer los cambios deseados.

2. Desidentificación. Aunque tenemos sentimientos, no somos nuestros sentimientos. Somos mucho más que la suma de nuestros pensamientos y sentimientos. Decide qué y quién te gustaría ser y construye una o dos frases que describan tu yo ideal y tu yo real.

Puedes usar como formato el siguiente enunciado:

Tengo este sentimiento de ...., pero yo no soy este sentimiento. Yo soy ....

Por ejemplo, según cuál sea mi sentimiento, mi afirmación podría ser: «Yo tengo este sentimiento de soledad y separación, pero yo no soy este sentimiento. Soy una amada criatura de Dios» o «Me siento fracasada, pero yo no soy este sentimiento. Soy una mujer valiosa y digna de amor a pesar de que cometa errores».

Distanciarnos de nuestros sentimientos nos permite salir del remolino de su intensidad y desarrollar el Ojo del Observador. Desde este lugar relativamente objetivo podemos elegir romper el círculo vicioso y dejar de reaccionar desde la parte herida o preocupada de nosotros mismos. Nuestro observador interior ve lo que necesita ser curado así como lo que puede sanarlo. Al convertirnos en espectadores amables y cariñosos podemos permanecer al margen de nuestros sentimientos y afirmar quiénes somos realmente. Al distanciarnos delicada y solidariamente de nuestros sentimientos es más fácil modificar nuestras mentes y, como consecuencia, realizar elecciones más constructivas y bondadosas.

3. Afirmación. Puesto que nuestras mentes son ordenadores altamente sofisticados, van a continuar actuando en consonancia con su programación hasta que sean reprogramadas. El uso de afirmaciones es la manera más fácil y eficiente de hacerlo que he encontrado. Cuando se utiliza de manera consistente, la afirmación transforma la negación.

a) Para convencer al ordenador de nuestra mente de que una nueva orden que introducimos es genuina, hay que construir las afirmaciones como aseveraciones positivas que son ciertas ahora. Por supuesto, las afirmaciones se asimilan más rápidamente si tu mente consciente puede decir: «¡Oh, qué bien, que maravilla!» y a continuación crear una encantadora imagen mental que apoye la afirmación. Pero la mayoría de nosotros tenemos tendencia a responder irónicamente: «¡Sí, claro!» la primera vez que usamos una afirmación. En cualquier caso, si se da la suficiente repetición, nuestra mente subconsciente acepta finalmente el nuevo «mandato» y las afirmaciones echan raíces y acaban suplantando los pensamientos negativos.

Al comienzo, lo de cambiar nuestras mentes es más una decisión que un sentimiento. Decidimos convertir nuestros pensamientos negativos en otros positivos, esperanzados y bondadosos porque sabemos que es útil para nuestros deseos más profundos, y nuestros sentimientos —como cachorros entrenados con una correa— acaban por comprenderlo y saltan hacia delante, retozando felices o, por lo menos, contentos.

b) Ejemplos de afirmaciones eficaces:

- Me quiero. Soy una persona digna de amor.
- Tengo toda la energía, el talento y el entusiasmo que hacen falta para construirme una buena vida.
- La paz habita en el centro de mi corazón.
- Soy un ser humano valioso y digno de amor.
- Creo paz y armonía en nuestro planeta creando primero paz y armonía dentro de mí mismo.
- Acepto a mi pareja (a mí mismo, él, ella, algo) tal y como es.
- Soy respetuoso con todo y con todos.
- Tanto si puedo verlo como si no, el mundo se desarrolla como debería.
- Sé escuchar y soy una persona afectuosa.
- Lo que hago importa.
- Dios me está amando ahora.
- Tengo el tiempo, la energía y la habilidad que se precisan para hacer lo que necesito hacer.

c) Para crear afirmaciones que sean significativas para ti, repasa tus respuestas a la pregunta del apartado Conciencia: «¿Qué es lo que me digo a mí mismo, en la intimidad de mi mente, para alimentar este sentimiento?» y después cambia esas frases por otras constructivas, escritas como si fuesen verdad ahora. Imaginemos, por ejemplo, que has escrito: «La economía va a ir cada vez peor. No voy a ser capaz de sobrevivir». ¿Cómo transformarías esto en una aseveración positiva instalada en el aquí y el ahora? Juega con este ejercicio. Además de ayudar a transformar la mente y el corazón, también puede resultar divertido. A medida que tomas conciencia de los pensamientos negativos que te hunden, interrumpe el ciclo y felicítate a ti mismo por darte cuenta de ello. «Buen trabajo, yo interior. Gracias por indicarme esto.» Distánciate de cualquier sentimiento que resulte de esos pensamientos:

«Yo tengo este sentimiento de ...., pero no soy ese sentimiento. Yo soy ....».

Y, después, empieza a repetir conscientemente una afirmación que contrarreste el pensamiento negativo reconocido.

Cuando te vayas aficionando a detectar pensamientos negativos y transformarlos a través de afirmaciones, te asombrarás de lo mucho que mejoran tu vida, tus sentimientos y tus actitudes. El pesimismo se transforma en optimismo. La toma de conciencia, la desidentificación y la afirmación son ideas sencillas a las que, al igual que a cualquier otra buena costumbre, les lleva tiempo arraigar y producir frutos. Pero cuando este hábito llega a cuajar es tremendamente gratificante.

Desenchufar cuando hay sobrecarga

Parte de la tarea de limpiar de hierbajos nuestros jardines consiste en aligerar nuestras cargas físicas, mentales y emocionales. Para ello, tenemos que renunciar a nuestra túnica y nuestro cetro y despojarnos de la corona de Señor o Señora del Universo. Me encanta esa pequeña carta que circula por el correo electrónico: «Hoy no estás a cargo de todos, de todo y en todas partes. Soy yo quién lo está. Con Amor, Dios». Aunque me reí entre dientes la primera vez que la leí, ahora la uso bastante. Me resulta especialmente indicado rememorarla cuando, con las mandíbulas apretadas, me esfuerzo como una loca por hacer que ocurra algo que yo, como Reina del Universo, considero adecuado. El mero hecho de recordarme a mí misma que es Dios quien está a cargo, y no yo, me resulta muy reconfortante y me ayuda a aflojar un poco las garras y soltar.

La cuestión es que buena parte de esa sobrecarga la hemos elegido nosotros. Decimos «Sí» cuando nuestras agendas y nuestros corazones están gritando «No». Nos responsabilizamos de la felicidad de otras personas, vano empeño, ya que tenemos muy poco control sobre la felicidad de nadie, al margen de nosotros mismos. Las prisas nos mantienen estancados en el mismo punto porque no tenemos tiempo para reflexionar. Cuando afrontamos algún reto, sea este grande o pequeño, nuestra mente se llena de pensamientos e imágenes pesimistas en lugar de preguntarse qué es lo que puede aprender de ello. Dejamos que nuestras mentes se conviertan en capataces que juzgan, en críticos implacables en lugar de en compañeros divertidos y consejeros receptivos.

Pero, puesto que somos nosotros quienes hemos activado los enchufes que han llevado a la sobrecarga, también somos perfectamente capaces de desconectarlos.

Uno de los regalos más valiosos que podemos hacernos, en términos de «desenchufar», es dejar correr aquellas expectativas poco realistas o poco amables que albergamos respecto a nosotros o a otras personas. Es aconsejable contrastarlas con la realidad. Por ejemplo, yo podría decirle a mi marido: «Necesito contrastar algo contigo, porque me parece que estás enfadado conmigo porque hoy no he hecho esto y lo otro. ¿Es cierto?». Si no está enojado ni decepcionado, sabré que he sido yo la que ha supuesto que sabía lo que él estaba sintiendo y me olvidaré del tema. Si está efectivamente disgustado, así tiene la oportunidad de ver si sus expectativas eran un poco agobiantes. También, al mirar la lista de faenas que te has asignado para el día, puedes preguntarte: ¿Es realista esperar que pueda hacer hoy todo esto, incluso si todo marcha perfectamente? A veces, el simple hecho de poner en tela de juicio nuestras expectativas nos ayuda a verlas como exageradamente optimistas, por decirlo de un modo suave.

El otro día, mi casa, mi vida y yo nos hallábamos en un tumulto. Un operario hacía trizas la cocina con gran estruendo, un gurú de los ordenadores —que hablaba un nuevo dialecto de Cyberjerga— intentaba adiestrar mi lego cerebro para que comprendiera un programa imposible de aprender, mis clientes se hallaban en crisis y el anticongelante estaba produciendo un apestoso charco azul por todo el suelo del garaje. Para calentar el ambiente, ya de por sí bastante estresante, añadí una letanía interior en contra de hacerle la guerra al caos. Mientras ocurría todo esto, yo estaba reuniendo puntos para llevarme el premio a la mente sobrecargada y llena de malas hierbas.

Un poco de luz se abrió paso a través de mis oscuros pensamientos mientras conducía para adquirir anticongelante. Recordé un sencillo ejercicio de respiración: yo podía elegir inspirar el concepto de paz. Aunque al principio mis inspiraciones eran entrecortadas, mi aliento comenzó a hacerse más profundo y mis nervios en tensión acabaron por estar más relajados. De vuelta a casa, puede hacer caso omiso de los martillazos del albañil y acercarme a mi ordenador sin necesidad de dispararle seis veces y colgarlo en la pared, a modo de gran trofeo de caza, como esta misma semana ha hecho un hombre en nuestra ciudad.

Si tus amigos y tu familia te animan a que asistas semanalmente a las reuniones de Angustiados Anónimos, lo más seguro es que padezcas una Sobrecarga de Información, Adquisiciones, Expectativas y Estimulación. Por favor, recuerda que tú, y solo tú, puede tirar del enchufe.

> *Podemos elegir desenchufar cuando hay sobrecarga; cada decisión, cada pensamiento, cada inspiración, cada paso detrás del anterior.*

Hacer como si

La esperanza es una flor sedienta que prospera mejor si es regada regularmente por una mente optimista. ¿Qué hacer, entonces, cuando no nos encontramos en ese estado de ánimo? Siempre podemos fingir. A veces, actuar como si algo fuera cierto permite que se haga realidad en el reino de los sentimientos y las emociones. La intención crea la realidad. John Wesley, el pastor que fundó la Iglesia Metodista Unida, se alentaba a sí mismo y otros colegas a «Predicar hasta creer». El reverendo Wesley predicaba continuamente pero, sin embargo, forcejeaba con su fe hasta que, tras un tiempo de sacerdocio, experimentó un «calentamiento del corazón». Me imagino que John Wesley esperaba encontrar finalmente la fe que anhelaba y, como consecuencia, predicaba y actuaba como si eso ya fuera cierto hasta que su esperanza se hizo realidad.

Hacer *como si* no es hacer trampas, es sencillamente decidir optar por el ánimo y no por el desánimo.

Por ejemplo, incluso siendo superficial, una sonrisa puede levantarnos la moral, especialmente si nos la devuelven. Los extraños son un buen campo de prácticas, porque nos toman por lo que aparentamos. Recientemente, mientras paseaba alrededor de un lago, sintiéndome con la moral por los suelos, decidí practicar el «como si» con una mujer que venía hacia mí. Con una mueca de simpatía, le dije: ¿No es una suerte tener un sitio como este para caminar? La sonrisa que me retornó y su comentario fueron tan estimulantes que sentí que, como respuesta, mi ánimo se elevaba. Y me encontré contemplando mi entorno con un mayor grado de apreciación y, por consiguiente, más afortunada y contenta.

> *Nuestras mentes se alimentan indiscriminadamente.*
> *Creerán aquello que les demos de comer.*

Estas Navidades, Tamilou, un amigo nuestro, trabó amistad con Jamie, una mujer sin techo que pide limosna regularmente en un concurrido cruce. Era difícil no verla, ya que saludaba con alborozo a los coches con su gorro de Santa Claus meneándose con la brisa. El cartel que sostenía era positivo. Bellamente impreso, explicaba: «Madre soltera esperando la discapacidad. Se apreciará cualquier cosa que nos dé un empujoncito para pasar la mala racha. ¡Feliz Navidad!». A pesar de que acababa de salir del hospital tras meses de rehabilitación por las quemaduras sufridas en buena parte del cuerpo, de que había perdido su casa y su trabajo como consecuencia de ello, de que dormía en el coche y no encajaba en los criterios de los Servicios Sociales para recibir ayuda, Jamie rechazó de plano el ofrecimiento de su hijo de dieciséis años de dejar la escuela para mantenerlos a ambos. En lugar de ello, aguantaba el frío, el viento y la esporádica nieve, actuando como si fuera talmente la señora de Santa Claus y su trabajo fuera animar a los conductores.

Jamie nos recuerda de un modo maravilloso que nadie puede alimentar nuestras mentes a la fuerza. Los pensamientos, creencias y asunciones que le proporcionemos dependen totalmente de nuestro albedrío. Podemos «alimentar la mano que nos muerde» permitiendo que lo negativo crezca desmesuradamente y nos desborde, o podemos arrancar lo negativo, plantar ideas positivas, desenchufar si hay sobrecarga y probar a hacer *como si* cuando sea apropiado. Al cultivar la esperanza, despejando los jardines de nuestras mentes, aportamos mayor cantidad de belleza y luz, primero a nosotros mismos y después a los demás y a nuestro atribulado planeta. Toda la esperanza y la compasión de las que podamos hacer acopio serán bien recibidas.

Enriquecer la actitud y la intención

Observa tus pensamientos; se convierten en tus palabras.
Observa tus palabras; se convierten en acciones.
Observa tus acciones; se convierten en hábitos.
Observa tus hábitos; se convierten en tu carácter.
Observa tu carácter; se convierte en tu destino.

Frank Outlaw

Estoy segura de que a todos nos suena el aforismo popular: «La actitud lo es todo». Mi opinión personal es la que actitud es el comienzo de todo y que camina de la mano con la intención en el proceso de cultivar la esperanza, aumentar la paz mental y hacer sobrevenir los cambios deseados. La actitud y la intención, en sintonía con el pensamiento y la conciencia, pueden guiarnos por los caminos que nuestras almas anhelan tomar o desviarnos del sentido y el gozo que estamos destinados a encontrar y compartir.

> *Cuanto más ricas, profundas y compasivas sean nuestras actitudes e intenciones, más fácil nos será encontrar la esperanza en medio del desaliento y compartir el amor en medio de la aflicción y el miedo.*

Hablando de un modo metafórico, podemos concebir la actitud como la barca impermeable en la que nos mecemos y la intención como los remos que nos propulsan hacia el lugar deseado. La actitud nos mantiene a flote, mientras que la intención nos hace avanzar. Las dos son compañeras igualmente importantes en el viaje de la vida.

Clarificar la intención

La intención es el compromiso o el acuerdo de poner en práctica las ideas o deseos que inicialmente pueden resultar algo vagos. Es el pensamiento solidificado. Al clarificar nuestras intenciones diseñamos una guía sobre la que basar nuestras decisiones y trazarnos nuestros objetivos. Por ejemplo, si abrigamos en nuestros corazones la clara intención de vivir honestamente, cada vez que se nos presente la oportunidad, por pequeña que sea, de actuar sin honradez, nuestra intención hará que nuestra decisión sea fácil. Pongamos, por ejemplo, que un dependiente nos da el cambio de un billete de 20 dólares cuando le hemos dado uno de 10. La decisión obvia consistirá en devolverle el dinero sobrante si queremos ser coherentes con nuestra intención.

Maureen, una madre soltera, nos proporciona un buen ejemplo de cómo las metas e intenciones trabajan de la mano. Con la ayuda de un consejero profesional, Maureen indagó cuánto dinero necesitaba para su familia y qué oficio que le gustara de veras serviría para mantenerla. El trabajo de ayudante de dentista daba el dinero suficiente. Con la intención de convertirse en ayudante de dentista, Maureen se trazó objetivos realistas para hacer realidad su sueño y tomó decisiones que la acercaban a su meta. «Anoté mi intención por escrito, la comenté con mis hijos y juntos bosquejamos nuestros objetivos en un panel que colgamos en la pared de la cocina». Riéndose, Maureen me explicó que a sus hijos se les daba fenomenal lo de preguntar: «¿Esta decisión nos aproxima a nuestras metas?». Qué mujer tan inteligente y qué madre tan estupenda: hizo de su intención un proyecto y un empeño de toda la familia.

Es la intención lo que hace los sueños realidad; es la intención lo que deroga la esclavitud e instituye los derechos civiles; la intención hace funcionar las relaciones —con nosotros mismos así como con los demás. La intención crea obras de arte y avances científicos, despeja el camino hacia las metas deseadas y nos da el valor y la energía de seguir adelante cuando las cosas se ponen difíciles.

Recientemente me he dado cuenta de que me he causado bastante desdicha revolcándome en los riesgos y carencias de determinada situación familiar. Mi desventura no ha hecho que las circunstancias mejoraran ni un ápice. Tomándome a mí misma suavemente por el pescuezo, me fijé la intención de ser feliz (o por lo menos de estar en paz) pasara lo que pasara con ese asunto. Después de determinar la intención, empecé a transformar mi actitud de autocompasión en otra de gratitud y afirmación por el crecimiento que puede venir de tales situaciones. Cada vez que mi Mente de Rat Terrier la emprendía con las mismas preocupaciones, recordaba mi intención y cambiaba del canal Mente Enemiga al de Mente Amiga, repitiendo las afirmaciones que había creado para esa situación.

Recordar mi intención me sacó del callejón sin salida de la tristeza y me colocó de nuevo en el camino hacia la felicidad y la paz de espíritu. Finalmente, la gracia empezó a traspasar la niebla del miedo y la desilusión, y algunos rayos de luz empezaron a filtrarse. Cuando la persona a la que más necesitaba escuchar por fin llamó, yo ya me sentía bastante feliz. Su llamada mejoró las cosas, por supuesto, pero mi felicidad no dependía de ella.

Esa intención estaba diseñada para unas circunstancias específicas, pero, a menudo, nuestras intenciones tienen una naturaleza más global. Por ejemplo, cuando mi cliente Deirdre, sintiéndose desesperada y deprimida, se dio cuenta de que se hallaba a la deriva y se había separado de su Fuente, se fijó la intención de acercarse y sentirse en mayor sintonía con Dios. Cada mañana oraba así: «Por favor, ayúdame a recordar mi intención de estar más cerca de ti hoy. Gracias». Para contribuir a sustentar su intención, decidió dar un paseo durante la pausa del almuerzo en lugar de quedarse sentada con los compañeros de trabajo, quienes a menudo usaban su tiempo libre para ventilar sus quejas. Como cantar la animaba, resolvió entonar un salmo mientras caminaba: «Señor, soy tuya, soy tuya... Hazme tuya, hazme tuya... Soy tuya, soy tuya».

Esas palabras estaban en estrecha consonancia con su intención.

Después, Deirdre añadió viejos himnos a su repertorio. Además, elaboraba sus propias canciones del alma según iba andando. Empezaba su día conectando con Dios y pidiéndole ayuda. Apartándose de la negatividad, afirmaba aquello que anhelaba a través de las canciones (absorbemos muy bien las palabras cuando se les pone música —pensad en los viejos anuncios comerciales que todos recordamos con facilidad), y compartía sus sentimientos más livianos y aquellos otros de más profunda conexión espiritual con la gente que la apreciaba.

PRÁCTICA PARA ESTABLECER UNA INTENCIÓN

Tómate el tiempo necesario para concentrarte en aquello que te gustaría que tu vida adquiriera, o por el contrario, aquello de lo que te gustaría deshacerte. Solo tú sabes qué es lo que puede llevar el gozo, la esperanza y la dicha a tu corazón. Tal vez desearías sentirte más esperanzado. Tal vez te gustaría ser más servicial con los demás. Tal vez quieras mejorar tu educación, o tener una relación mejor con tu pareja o con tus hijos, hacer algo por el mundo o abrir en mayor medida tu corazón. Haz una lista con los deseos de tu corazón y medita sobre la intención que podrías fijarte para empezar a hacerlos fructificar. Suele ser útil trazarse una intención que sirva de paraguas y después dividir cualquier acción en pasitos más pequeños. Por ejemplo, si tu intención es incrementar tu formación, clarifica qué tipo de instrucción deseas y haz hoy mismo una llamada o lee un catálogo que te proporcione algo de información al respecto.

Establecer intenciones es una especie de cirugía con láser para el alma. Cuando:

- Decidimos lo que queremos.
- Concentramos nuestra atención en ello.
- Actuamos en consonancia con nuestra intención.
- Cultivamos una actitud que apoya la intención.

El universo suele responder diciendo: ¡Vale, de acuerdo!

Se dice que fue San Francisco quien concibió la frase: «El infierno está lleno de buenas intenciones o deseos», que ahora conocemos como: «La carretera que va al infierno está pavimentada con buenas intenciones». Sí, las buenas intenciones, cuando se las deja languidecer, pueden llevar al remordimiento, lo que, desde luego, resulta bastante infernal. Inversamente, cuando clarificamos nuestras intenciones y las ponemos en movimiento, los resultados pueden ser celestiales.

Ennoblecer la actitud

Recuerda, la actitud y la intención son la barca y los remos. Sin remos, la barca no se movería, pero si tenemos agujeros en la barca, sencillamente nos hundimos. En este preciso instante nuestras actitudes poco amables hacia nosotros y hacia el mundo están agujereando nuestra barca.

El problema es que a la mayoría de nosotros no nos educaron en la creencia de que ser benévolos con nosotros mismos era una conducta recomendable y, decididamente, en la actualidad no vivimos en un mundo precisamente bondadoso. Por supuesto, en todas partes se encuentran actitudes maravillosas y áreas de bondad. A pesar de la plaga de catástrofes en los medios de comunicación, mucha gente se esfuerza por buscar la gracia de una actitud más bondadosa. Debe estar ahí fuera en alguna parte y, lo que es más importante, podemos crearla dentro de nuestro ser. Aún mejor, con la amabilidad como guía interior, podemos convertirnos en sus emisarios en todas partes.

El primer paso a la hora de suavizar nuestras actitudes consiste en darse cuenta de si efectivamente son algo ásperas. Al tomar conciencia de ello, podemos fijarnos la intención de actuar de otro modo. Podemos decirnos: «Mi intención es ser amable y bondadoso conmigo mismo en todo momento y en todas las situaciones». Puedes también crearte una afirmación del tipo: «Soy amable y bondadoso conmigo» para apoyar tu intención.

> *Al igual que las flores, prosperamos, crecemos y desarrollamos mejor nuestro más alto potencial en un entorno amable que nos proporciona sustento. Nuestro entorno interior es el invernadero más importante que tenemos.*

Otra manera de suavizar las actitudes consiste en tener preparadas algunas afirmaciones a las que recurrir. He aquí algunas posibles:

- Esto también pasará.
- Puedo hacerlo todo a través de Dios que me da fortaleza.
- «Siempre está más oscuro cuando está a punto de romper el día» de Thomas Fuller.
- Cualquier experiencia que atraviese me servirá para crecer.

Y esta otra, poderosísima:

- Por favor, ayúdame. Por favor, ayúdales. Por favor, ayúdanos. Y gracias. Gracias. Gracias.

Creer en la benevolencia

Miremos hacia donde miremos, nos veremos inundados por relatos de prensa, informes televisivos, aviesos programas de «realidad» y peroratas radiofónicas que enfatizan la malevolencia. Sin embargo, ninguno de estos programas sobreviviría si no fuera por nuestra fascinación por lo espantoso. Para cultivar la esperanza, debemos dar la espalda a esta dieta regular de desastres y depresión apocalíptica y, en su lugar, reforzar la creencia en una benevolencia que opera y se difunde por todo el universo. No estoy proponiendo que nos cerremos como ostras al conocimiento, sino que simplemente digo que si subrayamos lo negativo estaremos atrayendo mayores dosis de negatividad a nuestros corazones, nuestras mentes y nuestro mundo.

Otra objeción a esa tendencia es que nuestros hijos captan nuestras actitudes y sentimientos. Si estamos ansiosos y desesperanzados, podemos asustarlos y privarlos de buena parte del júbilo y la maravilla de la infancia.

En esencia, creer en la benevolencia es una vuelta a la confianza. Estoy hablando de fijarnos la intención de confiar en Dios y en nosotros mismos (sintonizando nuestras mentes y corazones con ese fin) y no de confiar ciegamente en el mundo exterior que, con frecuencia, nos dispone al desengaño y la desilusión. El filósofo Chino Lao Tse nos proporciona una bella afirmación para la confianza: *Ábrete al cielo y a la tierra, después confía en tus reacciones naturales. Todo encajará en su sitio.*

Sé que es difícil hallar confianza cuando la esperanza está hueca. En consecuencia, probablemente tengamos que actuar *como si* tuviéramos esperanza y confianza mucho antes de que la sintamos de verdad. Inevitablemente, al abrir nuestros corazones a Dios de manera consciente y comprometernos a conectar con nuestro Ser superior, nuestros pies volverán a encontrar el camino hacia la confianza.

Recientemente, mientras caminaba por un laberinto con un pequeño grupo de mujeres, me crucé con Juliette. Sabía que estaba atravesando momentos difíciles. Como estaba llorando, dejé de andar y la abracé. Estalló en sollozos, pero en medio de ellos me susurró: «De verdad estoy bien». La creí, porque la conozco lo suficiente como para saber que sus creencias espirituales se inscriben en una sólida base de confianza en Dios y una progresiva conciencia de que también puede confiar en sí misma. Como Juliette, podemos tejer la confianza tan apretadamente en el tejido de nuestro ser que, aunque hoy parezca que no estemos o nos sintamos bien, lleguemos a estarlo.

Incrementar la confianza no significa que no nos vayan a afectar las tormentas de la vida. En absoluto. Aunque nuestra barca de la Actitud de Confianza pueda parecer muy endeble durante las tempestades más duras, sobreviviremos mejor a las agitadas olas si nos agarramos al salvavidas de la confianza y de la intención de crecer a través de todos los tumultos de la vida.

Mi amiga Mugs utiliza un pequeño ritual para ayudarse a inflar sus actitudes e intenciones cuando nota que empiezan a perder su brío y a renquear como un globo de helio al cabo de una semana. «Me digo a mí misma: "Vale, Tú, ve y encuentra algo bueno en lo que concentrarte".» Entonces se fija la intención de ver signos de benevolencia en cualquier lugar al que mire. «Siempre hay algo, una vez que te propones verlo»: los amaneceres, su perro y su gato, las flores, los bebés, el sueño, la amabilidad de los amigos y los extraños, la luna, los dependientes cordiales y serviciales, ciertos recuerdos y la gratitud. Desde la reciente muerte por ahogamiento de una amiga suya, la respiración misma se ha convertido para Mugs en un signo de benevolencia.

Si has perdido temporalmente la pista de la confianza y de la fe en la benevolencia, puedes probar con la siguiente oración, escrita en 1941 por James Dillet Freeman. La vi por primera vez en un folleto parroquial y me gustó tanto que pasó a formar parte de las oraciones que todos mis hijos decían antes de acostarse. La tradición continúa, ya que nuestra hija las repite ahora con los suyos.

> La luz de Dios me rodea;
> El amor de Dios me envuelve;
> El poder de Dios me protege;
> La presencia de Dios vela por mí.
> ¡Donde quiera que yo estoy, está Dios!

PRÁCTICA PARA RESTABLECER TU FE EN LA BENEVOLENCIA

Piensa en las cosas que te ayudan a restablecer tu fe en la benevolencia. ¿Te ayuda leer libros y artículos edificantes? ¿Rodearte de amigos? ¿Estar en la naturaleza? ¿Meditar? ¿Ir al cine? ¿Crear algo bello? ¿Cocinar? Sea lo que sea lo que mantiene a flote tu espíritu, comprométete a dedicarte a ello la próxima vez que necesites reforzar tu confianza y tu benevolencia.

Acceder a nuestro Yo a través de la soledad y la calma

> La soledad es el horno de la transformación. Sin ella somos víctimas de la sociedad y continuamos enredados en las ilusiones del falso yo.
>
> Henri Nouwen

Hace algunos años, el personal de nuestro centro de asesoramiento fue a la isla de Hawái para realizar un taller con la doctora Elisabeth Kübler-Ross, eminente profesora, sobre la muerte y los moribundos. Rodeada de colegas a los que quería y respetaba y estimulada por la energía y las ideas espirituales, fui capaz de recordar y sentir la Unidad entre Dios y Sus criaturas, incluida yo. Tuve la sensación de que, aunque fuera por un instante, pude acceder a mi auténtico Yo.

Paradójicamente, este increíble sentimiento de revelación se vio acompañado por otro de añoranza de mi hogar, y anhelaba silencio y soledad para poder absorber y apreciar la maravilla de la conexión con el Amado. Cuando los demás dormían, buscaba la soledad bajo las calladas estrellas. Sola en medio de aquella quietud, me sumergía en una indescriptible sensación de habitar en Dios. Aquello era el cielo. O por lo menos un avance de lo que está por venir, y solo fue posible porque eliminé las distracciones.

Al auténtico Yo nunca se le agota la esperanza, porque es inseparable de Dios, que es amor. Con su centro en el amor, la luz de la esperanza no se ve oscurecida por la niebla del miedo. Por otra parte, el falso yo está a merced de las circunstancias, los acontecimientos y nuestro tumulto interior. El falso yo olvida su conexión espiritual y cree que la personalidad que exhibimos en esta particular morada en la Tierra es todo lo que somos.

Me gustaría poder decir que la deliciosa sensación de conexión con mi auténtico yo que tuve en Hawái, sigue regresando a mí cada vez que se me antoja, pero no es así. Lo que sí puedo hacer es acceder al recuerdo de lo entera, completa y sencilla que me sentí entonces. Con bastante frecuencia, el mero hecho de recordarme inmersa en Dios y su amor es suficiente para hacer aflorar la esperanza en mi corazón, junto con algún vislumbre de felicidad.

Carl G. Jung fue comprendiendo en mayor profundidad la necesidad de conexión y comunión con Dios a medida que envejecía. Escribió, por ejemplo: «Cuanto más vivo, más me doy cuenta de que la cuestión central tiene que ver con Dios y con mi relación con esta suprarrealidad». La dulzura de la soledad y la calma puede enriquecer nuestras relaciones con la suprarrealidad sobre la que nuestro auténtico Yo ha sido modelado.

Al igual que los peces necesitan agua para nadar y los pájaros el firmamento para volar, nosotros necesitamos la paz de la quietud y la soledad para poder prosperar. En brazos de la calma y la soledad, podemos escuchar la dulce voz del alma.

Desfragmentar nuestros discos duros internos

Desde luego, si nuestras mentes están ofuscadas por el miedo y andan frenéticas por un bosque de maleza de pensamientos negativos, la soledad y la calma pueden a veces exacerbar los sentimientos de ansiedad, aislamiento y depresión. Tratar de encontrar paz y esperanza en la quietud del retiro cuando tu mente está sobrecargada y en Zona de Pensamiento Enemigo es como tratar de hacer funcionar tu ordenador a pesar de que el disco duro esté fragmentado. Hace un par de días, después de mandarme algunos mensajes escritos equivalentes a ciertos gestos groseros, mi ordenador se negó a dar un paso. Le supliqué, recé, le envié energía, le di patadas y finalmente lo apagué de modo antirreglamentario. Nada... Entonces recordé el mensaje: «Tu disco duro está fragmentado».

Como no soy precisamente un lince de la cibernética, mi hijo tuvo que darme una explicación para simplones acerca de los discos fragmentados. Me dijo que una gran cantidad de información había sido almacenada aquí y allá en el disco duro hasta que está tan fragmentada que el aparato no puede encontrarle sentido y sencillamente se para. Yo traduciría esto de la siguiente manera: las entrañas de la máquina están tan estresadas y desconcertadas que tiene un colapso nervioso. (El colapso nervioso de la escritora tuvo lugar inmediatamente después.) Sabiamente, el ordenador sabe que necesita rebajar el nivel de tensión y organizar todos los trocitos y *bytes,* dándoles una forma que pueda comprender si quiere tener la capacidad de poder continuar.

¡Ajá! Ya lo he cogido. ¿Y tú? Hay tanta información almacenada dentro de nuestras mentes, nuestras emociones, psiques e inconscientes, que muchos de nosotros nos hallamos fragmentados más allá del nivel tolerable. El estrés es un problema muy real para todos.

Si nos sentimos fragmentados, lo más probable es que pequeños retazos de nuestra energía —del día de hoy, planes para mañana, remordimientos de ayer, miedos del futuro— se hayan quedado enganchados en las dificultades y almacenados por todas partes en nuestras mentes y corazones, haciéndonos prácticamente imposible el acceso a nuestro verdadero Yo. Nosotros, igual que el ordenador, necesitamos desfragmentarnos.

En el *Wall Street Journal* aparecía recientemente un artículo titulado «¿Ya estás estresado?». Al estudiar el problema del estrés, el autor descubrió:

> Las nuevas investigaciones —motivadas en parte por las tensiones del 11 de septiembre— están analizando cómo es que algunas personas se las apañan para desenvolverse ágilmente a través de situaciones estresantes mientras que otras se tensan más y más a medida que avanza el día.
>
> No es que los del primer grupo pasen más tiempo en los balnearios urbanos. Ni siquiera tienen que afrontar menor cantidad de estrés. Los analistas han asociado la resistencia al estrés a una sola cualidad: la elasticidad. Las personas que saben manejar la presión se recuperan mucho antes física y mentalmente, llegado el caso. Poseen una serie de hábitos de conducta sutiles, desde la manera de respirar en sus despachos o lo mucho que se ríen, que les ayudan a entrar y salir fácilmente de la «presión» a lo largo del día.

Conductas sutiles como:

- Realizar unas cuantas respiraciones abdominales profundas.
- Cambiar la cháchara negativa de la mente por otra positiva.
- Decir una oración rápida.
- Cerrar los ojos incluso tan solo durante un minuto de gratitud silenciosa.

Todas ellas nos ayudan a liberarnos de la presión. Acallan nuestras mentes y ralentizan nuestro pulso cardiaco. Nos ayudan a romper el efecto dominó que puede producir la acumulación de estrés en nuestros cuerpos físicos, emocionales, mentales y espirituales.

Al margen de esa sencilla lista, ¿qué más podemos hacer para desfragmentar nuestros discos duros? Una amiga mía muy chistosa anotó la palabra *Jabón* en un trozo de papel para acordarse de que tenía que dejar que las cosas le resbalaran más. Puedes escribirte uno que te recuerde *Respirar... Estirarte...*

Hay tantas maneras de ser elástico como personas. Mi sobrina se centra y se deshace de la energía conflictiva corriendo, andando o levantando pesas. Yo, entre otras cosas, leo novelas de misterio y de *Stark Trek: Nueva Generación*. Muchas personas, especialmente las mujeres, hablan con sus amigos. Una artista que conozco se va a su «zona de pintar». Otra amiga medita y ora mientras hace piezas de bordado de encaje. Por supuesto, existen métodos de desfragmentación menos constructivos. La autoindulgencia con la comida, la bebida o la televisión son algunas de las preferidas. Algunos chicos de nuestro barrio han recurrido al vandalismo: debe ser su intento inconsciente de desfragmentarse.

He aquí algunas otras técnicas:

NUEVE PRÁCTICAS PARA DESFRAGMENTAR TU DISCO DURO INTERIOR

1. Anota los pensamientos agobiantes. Libérate de ellos, quemando el papel, rompiéndolo, tirándolo a la basura o colocándolo en un pequeño frasco con agua en el congelador (¡liquídalos!).
2. Date una ducha e imagínate que el caos y la preocupación salen de tu cuerpo y de tu mente y se van por el desagüe.

3. Conviértete en amante progenitor de ti mismo proporcionándole a los aspectos más desvalidos de tu persona aquello que anhelan.
4. Di, escribe o canta afirmaciones.
5. Túmbate en el suelo con los pies contra la pared perpendiculares a tu cuerpo durante unos minutos.
6. Respira lenta y profundamente hasta el corazón y el abdomen. Exhala preocupaciones y cuitas e inhala apoyo y amor.
7. Lee algo relajante y edificante.
8. Adéntrate en esta intención piadosa creada por mi amiga Annabelle:

> Cierra suavemente los ojos y deja que una imagen o representación de tu cuerpo, tu mente y tus emociones aparezcan en el teatro de tu mente. ¿Rebotan de un lado para otro como si fueran bolas de la lotería, o están calmadas, serenas y alineadas entre sí?
>
> Imagina que una hermosa y apaciguante luz descansa sobre tu cabeza y baña tu cuerpo, tu mente y tus emociones con su cálido y suave resplandor. Ahora repite tres veces la palabra Juntos en series de tres.
>
> «Juntos, juntos, juntos...»
> «Juntos, juntos, juntos...»
> «Juntos, juntos, juntos...»
>
> Sin emitir ningún juicio, contempla las imágenes de tu cuerpo, tu mente y tus emociones y —sin forzarlos— anímalos a alinearse, bajo la luz. Repite: «Juntos, juntos, juntos...» con tanta frecuencia como sea necesario.

9. Elige una o dos maneras de incrementar tu elasticidad ante el estrés y la presión y fíjate la intención de usarlas cuando sea preciso.

Elijas lo que elijas hacer, recuerda que en el dulce santuario de la calma y la soledad podemos hallar mucho gozo y renovación.

Renovarse en el sosiego

He estado tentada de dejar esta sección desierta. Sin palabras. Sencillamente la plácida quietud del espacio en blanco. Sin embargo, soy escritora y tengo la compulsión de llenarlo todo con palabras.

Todo esto de la calma y la soledad está bien, pero ¿quién de nosotros puede conseguirlas de manera regular? Incluso aquellos que viven unas vidas tremendamente privilegiadas suelen carecer, por lo general, de silencio y privacidad. El ruido y las demandas incesantes nos acompañan constantemente. ¿Cómo puede nuestro Yo espiritual hacer oír su voz queda y diminuta en medio del estrépito? ¿Cómo pueden las ideas e intuiciones más altas y profundas que emanan de nuestras almas atravesar el fragor de nuestras frenéticas vidas cotidianas? No pueden hacerlo, a menos que nos paremos e incorporemos en nuestras agendas los tres elementos siguientes: descanso, renovación y restablecimiento.

Todos somos conscientes de que el descanso es necesario tanto para el cuerpo como para el alma y que verse privados del sueño es lo más cerca que se puede estar de la locura auténtica. Aunque probablemente no lleguemos a la demencia, si no disponemos de espacios de reflexión tranquilos en los que nuestra alma pueda descansar, abrirse a la inspiración, refrescarse y renovarse, podemos sin duda alguna llenarnos de confusión, azoramiento y desesperanza. La quietud permite que las lóbregas aguas de nuestra mente se aclaren e invita a luz de nuestro corazón y nuestra alma a brillar en nuestra vida interior y exterior.

Descansar en el Santuario de la Soledad

*En la soledad,
el alma encuentra su voz
y canta
nuestra canción única.*

*En la soledad,
el alma nos guía hacia
senderos personales de
serenidad, abandono y servicio.*

*En la sagrada dulzura
de la soledad,
el alma desvela
nuestro verdadero ser.*

Podría pensarse que cuando escribí esto me hallaba en un estado de dicha total. Pero no es así. No solo tenía una profunda pena por la muerte de una amiga muy querida, sino que además tenía una seria crisis de confianza en mí misma. A tientas y a ciegas en ese oscuro pozo, todo lo que me rodeaba estaba en tela de juicio. El trabajo, la familia... y así hasta el infinito. Afortunadamente, contaba con el lujo —o mejor, la necesidad básica— de la soledad.

La soledad ofrece diversas modalidades de santuario. El solaz de conectar con nuestro Yo verdadero, que en esencia es un yo simple: un ser que se ríe con facilidad y se deleita calentándose al sol en la naturaleza, disfruta con la sonrisa de un niño y descansa en el abrazo del Amado. Una soledad así es como estar arropado y seguro bajo un edredón en una noche silenciosa y nevada. Pero también he descubierto que solo cuando estamos tranquilos y solos —libres de lo que nos aliena— podemos hacernos conscientes de las creencias tóxicas y deshacernos de las conductas que ya no nos resultan beneficiosas.

Indudablemente, la quietud y la soledad no suelen ser incursiones en un ardiente desierto sino, por el contrario, nos sirven de tregua en la sobrecarga. Nos brindan la oportunidad de acceder a la belleza de nuestro Yo interior sin interrupciones. Contrariamente a lo que se pueda imaginar, tomarse tiempo para estar solos es una de las mejores maneras de restablecer el sentimiento de conexión con los demás y con Dios. Anne Morrow Lindbergh dice: «Solo cuando uno está en contacto con su esencia puede estarlo con lo demás... Y, para mí, el modo idóneo de reencontrar la esencia, el manantial interior, es a través de la soledad».

El mero hecho de apartarnos de la refriega y permanecer inmersos en nuestra propia energía durante un tiempo nos da la oportunidad de abrirnos y solazarnos en la sensación de unidad con el creador, con nosotros mismos y con el prójimo. Esperando en el santuario de la soledad se halla la queda y diminuta voz del alma que se regocija al llevarte hasta el centro de tu ser, donde habitan el amor, la esperanza y la serenidad.

Capítulo IV

La cosecha de la esperanza

Cada día
podemos recolectar
un pedacito de cielo.

LA AUTORA

Hay días en los que la esperanza parece esconderse en un zarzal. Sus frutos son invisibles para nuestros expoliados corazones. En momentos así es importante que volvamos nuestros rostros hacia la luz, nos centremos en el momento presente y busquemos vislumbres internos y externos de gracia y esperanza. Hoy, una amiga mía y yo hemos encontrado algo esperanzador creciendo en una grieta de un bello pedrusco de Colorado: un brote de pino de apenas diez centímetros. Obviamente, la semilla había caído en aquel lugar duro y rocoso, había echado raíces a pesar del entorno y se asoleaba dulcemente (y yo creo que con cierta coquetería) para que pudiéramos disfrutar y aprender de él. Espero poder recordar este minúsculo árbol la próxima me vez que me halle estancada entre una roca y un lugar árido y me pregunte cómo narices puedo florecer allí.

Advertir ese arbolito que crece en el peñasco es una manera de cosechar esperanza. Algunos días te traerán solo una pequeña cesta de hechos positivos, mientras que otros te ofrecerán campos enteros de margaritas sobre los que podrás bailar. No importa cuál se la magnitud de la cosecha, el hecho de concentrarnos en cada pequeña esperanza y mimarla tal y como se nos ofrece aligera nuestros corazones.

Dar poder al presente

> Siempre he tenido al menos dos hilos en mi pensamiento. Uno gratificante que anticipaba alguna escena futura. Se imaginaba cómo debería ser, proyectándola en los límites de la fantasía. El otro jugaba por debajo con fragmentos demasiado realistas de lo que yo debería haber hecho. Allí estaban, en un perfecto microcosmos el pasado y el futuro aliándose para estrujar el presente —que es el único tiempo en el que podemos estar completamente vivos...
>
> GLORIA STEINEM

Hace muy poco, conversaba con una joven amiga que tenía mucho miedo de que su recién adquirido negocio fracasara, arruinando su futuro. Sus preocupaciones estaban fundamentadas y, tras escucharla durante un rato, le pregunté: «Cielo, ¿crees que podrías arreglártelas para hacer únicamente lo que hay que hacer *ahora mismo*? Tras unos instantes de duda, respondió: «Síiii». Mi amiga había caído en lo que yo llamo el Agujero del Futuro. Su miedo de un hipotético futuro estaba anulando su capacidad para comportarse positivamente en el presente. La enormidad de las posibles pérdidas futuras estaba además haciendo que se sintiera aterrorizada. Reconozco perfectamente cuando mi vida se instala en un Agujero del Futuro o de Pánico. ¿Y tú?

Cuando estamos desanimados, perdidos o confundidos, concentrarnos en algo que es preciso hacer en esos momentos nos ayuda a recuperar el equilibrio. Al encontrar el orden en el momento presente —y cerca de nosotros—, nuestras mentes pueden realinearse y aceptar la posibilidad de que ese mismo orden se encuentre disponible en otros lugares.

Examinar detenidamente el centro de una flor y percatarnos de su increíble belleza y configuración nos transmite esperanza. Incluso observar la ordenada progresión de las palabras que forman está página o la predecible manera en que tus dedos surgen de las palmas de tus manos puede aportarte solaz cuando te asalten el caos y la desesperanza. Deja que te calmen el orden y la capacidad de obrar inherentes al presente.

Al trabajar conscientemente con los sentimientos y los patrones que se hallan activos en el presente, también sanamos heridas y planteamientos erróneos del pasado. Liberados de los límites del pasado, podemos elegir nuevos modos de vivir y amar más asertivos y bondadosos. El ahora es ciertamente el único momento en el que estamos completamente vivos. Parafraseando el aforismo popular: «El momento presente: aprovéchalo o se te habrá escapado».

> *Aunque podemos sanar el pasado e influir en el futuro, solo estamos completamente vivos y en posesión de todo nuestro poder en el presente.*

Ahora mismo, este instante es todo lo que debemos ser capaces de manejar. Lo más probable es que podamos hacer lo que es preciso hacer, sentir o vivir si nos mantenemos apartados de la impotencia del Agujero del Futuro o los Remordimientos del Pasado y nos concentramos en el momento que está a nuestro alcance. Para nuestra alegría, cuando sintonizamos nuestras mentes y corazones con nuestras muchas bendiciones, el minuto presente fluye también con infinidad de cosas que apreciar, disfrutar y por las que dar gracias y tener esperanza. Aquí y ahora, todo lo que es bueno, verdadero y bello, todo lo que está lleno de esperanza vive en nuestros corazones.

El simple hecho de acordarnos de dotar al presente de su poder nos ayuda a encontrar un orden y una estructura en nuestros cuerpos y entornos capaces de proporcionarnos serenidad en todo momento.

Una advertencia: como la mayoría de nosotros estamos muy acostumbrados a dilapidar el presente rebuscando en el pasado y proyectando nuestros pensamientos en imaginados escenarios futuros, es esencial que seamos benévolos con nosotros mismos mientras nos concentramos en el nuevo hábito de robustecer el presente. No ayuda mucho castigarse por haber caído en un Agujero del Futuro o por haber entrado en el Reino del Remordimiento. Lo único que conseguirás será ocultarte con mayor astucia tus incursiones en el pasado y el futuro. Ten paciencia.

Con el tiempo, el esfuerzo y la intención adecuados serás capaz de vivir más intensamente el momento, del mismo modo que Gloria Steinem ha aprendido a hacerlo: «Las pistas del pasado y el futuro se han desvanecido progresivamente y ahora apenas se oyen. Cada vez más, me entrego a la gloriosa y total sensación del ahora, vivo el momento sin importarme nada y a la vez importándome todo».

> *Podremos cambiar con mayor facilidad un patrón de conducta en un ambiente de amoroso apoyo que si nos hallamos rodeados por el resplandor de la crítica.*

Hacer pausas apreciativas

Hacer pausas es una delicada manera de entrenarnos para instalarnos cada vez más en este día, esta hora, este momento. Tener presente el adagio: «No recordamos días, recordamos momentos. La vida está hecha de momentos» puede ayudarnos a detenernos a apreciar lo que está ocurriendo en este preciso instante.

PRÁCTICA DE APRECIACIÓN

Por el mero placer de hacerlo, tomate unos segundos para mirar alrededor —o dentro de ti— contemplativamente. Ahora mismo, yo me estoy diciendo: aprecio como la lluvia aplaca la sequía de nuestra tierra. También aprecio estar calentita y arropada dentro de mi casa. ¿Qué me dices tú? ¿Qué pequeño pedacito de cielo se está presentando ante ti en estos momentos? ¿De qué manera su apreciación te ayuda a disfrutar de este diminuto oasis de tiempo y a otorgarle mayor poder? ¿Qué sentimiento de esperanzada apreciación está maduro y listo para ser recolectado en este mismo instante?

Me encanta la escueta frase: «Donde quiera que estés, estate allí». No estar donde ahora mismo nos encontramos es estar lejos de casa. El hogar es el presente ensanchado. El hogar es elegir vivir en consonancia con nuestros corazones en cada momento. Victoria, una amiga mía que lleva dos años conviviendo con una modalidad de cáncer incurable e impredecible, dice que es ahora una persona distinta de la que era antes de que el cáncer se convirtiera en su compañero. «¿Cómo es eso?», le pregunte.

«Bueno, soy una persona más tranquila que antes. Y estoy mucho más aquí.» Luego se explayó así: «Siempre estaba en alguna otra parte… ¡Oh!, mi cuerpo estaba allí y yo podía fingir estar bien presente, pero mi mente solía estar a varios kilómetros y no veía verdaderamente a la gente con la que estaba. De hecho, en cierto modo me fastidiaban. Ahora veo realmente a la persona que tengo delante. Estoy mucho más receptiva, mucho más presente que nunca. Cada minuto, cada persona, cada animal… y yo… ahora todo me parece mucho mas valioso».

> *Cada momento está para estrenar cuando le prestamos atención y lo abrazamos. Cada momento perdido no vuelve.*

El cáncer empujó a Victoria a desear estar presente en cada momento y con cada persona. De hecho, me he percatado de que la capacidad de ensanchar el presente es común a muchas personas que viven con enfermedades que amenazan o alteran su vida. En verdad, la vida misma es un estado de amenaza para la vida, y cada uno de nosotros tiene un número finito de momentos para vivir en la tierra. Incluso sin recibir una cósmica patada en el trasero, podemos elegir apreciar las maravillas del momento y que estas aticen el fuego de la esperanza en nuestros corazones. Podemos estar de verdad con nosotros mismos y con los demás, podemos saborear la claridad de un destello de inspiración o entendimiento, podemos ver las coincidencias como regalos del cielo.

> *Al estar donde estamos, podemos convertir un pequeño instante de apreciación u oración en el sereno ojo del huracán o en el santuario privado del ánimo y la aceptación.*

Literalmente, podemos elegir hacer una pausa miles de veces al día, para percibir la verdad del momento y aceptar los dones y las lecciones que nos ofrece. Tenemos la opción de estar completamente vivos en el aquí y el ahora.

Abrazar el distanciamiento compasivo

Puesto que nos lanza hacia un pasado y un futuro sobre los cuales no tenemos el menor control, una de las mejores maneras de empobrecer el presente es estar excesivamente vinculados al caos de otras personas y tratar de arreglárselo. Aunque preocuparse por los demás es algo esencial, es igualmente importante que no nos hagamos cargo de los sentimientos de otros como si fueran los nuestros propios. Aprendí por primera vez el valor del distanciamiento compasivo cuando, como terapeuta neófita, sin experiencia en este arte, me llevaba a todos mis clientes y sus cuitas a casa, en una especie de mochila emocional. Al cabo de varios meses, me encontraba exhausta y agobiada por todo el equipaje que había ido recogiendo. Incluso llegué a preguntarme si me vendría grande la profesión de consejera. Afortunadamente, una colega más veterana compartió conmigo el concepto de distanciamiento compasivo y me dio algunas indicaciones para incorporarlo a mi praxis.

Incluso a los progenitores caninos les cuesta adoptar una actitud de amorosa distancia. Hace algunos años, nuestra perra, Johnny, no regresó de un paseo por el bosque con Gene. Pensamos que se habría extraviado persiguiendo alguna ardilla y que regresaría enseguida. Pero el día fue pasando sin que apareciera, y para colmo se puso a llover. Gene y yo estábamos cada vez más preocupados. Acompañados de la madre de Johnny, Pua, fuimos en su búsqueda. Finalmente, oímos un débil ladrido y Pua nos condujo hasta la boca del pozo de una mina abandonada, en el que Johnny había caído. Pua se puso como loca. Ladraba frenéticamente mientras daba vueltas alrededor de la pendiente que daba acceso al vertical hoyo. Todo lo que pudimos hacer fue evitar que se arrojara dentro con su hija. Cuando los bomberos sacaron de allí a una Johnny sucia, aunque por otra parte seca y sin heridas, Pua no se le despegaba de encima. Nunca había sido una madre muy distante, pero, tras aquello, no dejó a Johnny sola durante muchos días. Aunque para entonces yo ya había aprendido a distanciarme compasivamente de mis clientes, no pude evitar notar la similitud entre el apego parental de Pua y el mío propio.

En realidad, conviene cultivar el amoroso hábito del distanciamiento compasivo —incluso de los niños. El exceso de apego hace que saltemos al hoyo con los otros mientras que el distanciamiento compasivo nos permite permanecer al borde de los circunstanciales sumideros, con la mano y el corazón extendidos mostrando nuestra comprensión y nuestro apoyo. El apego no ayuda a resolver los problemas de los demás. De hecho, suele sumarse a su malestar al hacerles sentirse responsables de nuestros sentimientos así como de los suyos. El distanciamiento compasivo permite al otro compartir sus necesidades y sentimientos con nosotros sin temor a sobrecargarnos; nos facilita el acceso a la energía de la esperanza y el amor de nuestro corazón, mientras que el exceso de apego agota nuestros recursos.

Vale, decís, el distanciamiento compasivo en teoría es excelente. Pero ¿cómo conseguirlo? Permaneciendo en el presente, recordando nuestra intención de apartarnos y elevando la energía hasta el centro de nuestros corazones.

PRÁCTICA PARA EL DISTANCIAMIENTO COMPASIVO

1. Permanece en el presente. La célebre analista jungiana Marion Woodman describe de esta manera los frutos del desapego: «El distanciamiento libera al corazón del pasa-

do y el futuro. Nos da la libertad de ser quienes somos, de amar a los demás por lo que son. Es el salto en el ahora, la corriente del Existir en la que todo es posible».

Al robustecer el presente evitamos que el futuro y el pasado nos agobien con sus «y si», «debería» y «si por lo menos». Estar presente en el momento actual hace que sea más fácil aceptar lo que hay, tal y como es entonces. Cuando los sentimientos de apego nos acosen, podemos hacernos preguntas como las siguientes:

- ¿Este miedo se corresponde con una realidad de ahora mismo?
- ¿De qué modo están ayudando mis sentimientos a .... en su situación?
- ¿Por qué necesito sentirme tan involucrado con ....?
- ¿Cómo me sentiría si pudiera llegar a un distanciamiento compasivo?
- ¿Qué puedo hacer ahora mismo para liberarme a mí y a .... por medio del distanciamiento?
- Si hubiera una bendición en esta situación, ¿cuál podría ser?

Es fácil deslizarse automáticamente hacia el apego emocional si lo tenemos por costumbre o responde a nuestra tendencia natural, tal vez porque pensamos que amamos más cuando sentimos con la gente. Reflexionar sobre las respuestas a las preguntas listadas puede ayudar a romper los lazos de un apego excesivo que ya no nos funciona, o que ya no les sirve a aquellos por los que nos preocupamos.

2. Fíjate una intención y recuérdala. Puesto que el distanciamiento compasivo es una habilidad que se adquiere, necesitamos recordarnos nuestro compromiso de ponerlo en práctica.

Puede servir de ayuda crear afirmaciones que nos hagan tener presente que el distanciamiento es útil:

- Con amor y empatía, puedo distanciarme compasivamente del problema de .... con ....
- Amo y apoyo a .... sin sentirme apegado.
- Confío en que .... está atravesando esta crisis constructivamente.
- Dios ama, sostiene y guía a .... ahora y siempre.

No hay que subestimar el prodigio y la capacidad curativa de las palabras. Tras varias noches de insomnio y montones de lágrimas, mi cliente, Grace, se halla en el proceso de distanciarse compasivamente de una dolorosa e injusta riña entre su hija y su hermana. «Me digo a mí misma una y otra vez que esto es algo entre Midge y Tina —no va conmigo— y que solo Dios sabe la verdad.» Con los ojos hinchados, pero llena de convicción, me dijo: «Me sostiene creer que, a la larga, esto resultará ser lo mejor para las dos». Como madre, Grace está disponible para su hija cada vez que la necesita, y ella la apoya con frases del tipo: «Sé que saldrás de esto siendo todavía mejor persona». Aunque es difícil permanecer en la distancia, Grace se ayuda mediante afirmaciones, llanto, oraciones y hablando con sus amigos de sus sentimientos.

3. Eleva la energía al centro del corazón. La energía del apego vive en los centros de supervivencia de nuestros cuerpos y psiques. El distanciamiento compasivo emana de nuestro corazón y nuestra alma.

A lo largo de los años, mi amiga y mentora, Annabelle, me ha enseñado la importancia de elevar la energía de los centros más bajos de nuestros cuerpos hasta el centro de nuestra alma, el corazón. En mi imaginación, esto es comparable al hecho de añadir levadura al pan para que se esponje y sea más suave para el paladar. El pan ácimo es espeso y se mastica con dificultad. Del mismo modo la energía que se queda enquistada en los centros más bajos de nuestros cuerpos y psiques es difícil de sugerir y puede causarnos gran incomodidad. Curiosamente, nuestros corazones se sienten de hecho más pesados cuando la energía conflictiva se queda agazapada en los centros emocionales del cuerpo físico: el vientre y el plexo solar. Cuando elevamos conscientemente la energía hacia nuestros corazones, esta se vuelve más ligera y, como consecuencia, nosotros nos encontramos más vigorosos y esperanzados.

Encuentra un momento en el que puedas sentarte unos cuantos minutos sin que nadie ni nada te moleste. Cierra suavemente los ojos y concéntrate en tu respiración. Imagínate que inhalas un bello y relajante color y que exhalas un color molesto o perturbador. Sin esfuerzo, permite que tu aliento se relentice y se vaya haciendo más profundo. Lleva la atención a tu cuerpo. ¿Hay algún tipo de incomodidad? Observa, detecta, siente o imagina cómo aparece la incomodidad. Dale las gracias por hacerse visible para ti y dedícale tu atención unos instantes. Cuando te parezca oportuno, visualízate desplazando la energía fastidiosa hacia tu corazón, mientras pides que se transforme en la energía perfecta y adecuada a los ojos de Dios. Continúa imaginándote cómo la energía se mueve gradualmente hacia tu corazón y, una vez allí, se suaviza, se aligera y se transforma en distanciamiento compasivo y buena voluntad.

Cuando la energía anide confiada en tu corazón y notes que se está transformando, aunque sea en pequeñas cantidades, mándasela a la persona por la cual estás preocupada. Haz el envío extensivo a todos aquellos que estén experimentando dificultades similares. Da gracias por esta experiencia y concéntrate en tu respiración durante unos minutos antes de abrir los ojos.

4. Práctica, práctica, práctica. Como la mayoría de los hábitos nuevos que adoptamos, hacer nuestro el arte del distanciamiento compasivo lleva tiempo, concienciación, compromiso y práctica. Merece la pena ejercitarse, ya que el distanciamiento compasivo aumenta nuestra capacidad de estar amorosamente presentes para nosotros mismos y para los demás.

> *Con la libertad del distanciamiento compasivo nos hallamos prestos a preocuparnos por las cargas de los demás, pero no a acarrearlas.*

La frase de Benjamin Franklin: «¿Amas la vida? Entonces no malgastes el tiempo porque es la materia de la que esta hecha», nos deja claro que entendía la importancia de robustecer el presente. Vivir en el momento es la mejor manera de aprovechar nuestro tiempo —nuestras vidas— sabia y eficazmente. Aunque pueda sonar demasiado bueno como para ser verdad, el mero hecho de tomarse unos pocos momentos cada día para concentrarse por completo en la apreciación y en comprender a los demás sin interiorizar su dolor nos ayudará de verdad a encontrar esperanza en el aquí y el ahora.

Dar la bienvenida a los heraldos de la esperanza

> La esperanza es esa cosa con plumas...
> Que se posa en el alma...
> Y canta la tonada sin palabras...
> Y nunca se para... nunca...
>
> EMILY DICKINSON

Si un genio me concediera tres deseos, el primero sería un minuto mágico en el que pudiera ver físicamente a los ángeles, hadas, guías, guardianes y otros heraldos de la ayuda y la esperanza que yo creo que nos rodean a todos. Estoy de acuerdo con Desmond Tutu cuando dice: «Los ángeles, al igual que las parábolas y la poesía refinada, hablan en numerosas capas de significado y misterio, tratando de expresar lo inexpresable. Si los ignoramos, nuestras vidas son más pobres».

Aunque durante un tiempo el idilio amoroso con todo lo científico eclipsó la creencia de muchas personas en lo etéreo, incluso los científicos están volviendo ahora a aceptar de forma incipiente la eficacia de la intervención divina y la posibilidad de que exista algo como la asistencia angélica. El científico solar Michael es un buen ejemplo. Tras desdeñar cariñosamente durante años la creencia de su mujer en los ángeles, ahora se está abriendo a la posibilidad de que ella esté en lo cierto. ¿Qué es lo que está cambiando en su mente? El cáncer. Michael ha vuelto a la iglesia después de muchos años y está empezando a ver lo milagroso en sucesos tanto importantes como minúsculos. Últimamente dice cosas como: «Es realmente extraño cómo todo parece ir encajando en su sitio...» y «tuve la rara sensación de que no estaba solo mientras me hacían aquella prueba...».

Aunque su pronóstico está sin confirmar, gracias a su conexión espiritual cada vez más profunda, Michael y Patsy disfrutan de una intimidad que ella solo creyó posible en etapas anteriores de su relación. «Es curioso, pero de verdad veo que la enfermedad de Michael nos ha traído un bien fabuloso», dice Patsy. «Por supuesto, nosotros esperamos y rezamos por la remisión o la cura, pero es maravillo lo cerca que nos sentimos el uno del otro ahora. ¡Creo que nuestros ángeles trabajan muy duro!

> *El apremio de la enfermedad a menudo proporciona un atajo para el crecimiento espiritual.*

No importa la forma que tome nuestra creencia en lo Divino o el modo en que lo llamemos —Jesús, Diosa, Poder Supremo, Buda, Alá, Elohim, Naturaleza, Yo Supremo, Dios Padre/Dios Madre o cualquier otro nombre. Lo que importa es que nos permitamos a nosotros mismos abrirnos a la energía del amor divino y encontrar esperanza en la aceptación de la idea de que Dios se preocupa por nuestro bienestar y nuestra evolución.

En el tiempo que compartimos en la parroquia, Anne contó una historia sobre una escuela para niños discapacitados. Uno de los alumnos estaba muy frustrado porque no podía manejar el tenedor y el cuchillo lo suficientemente bien como para cortarse la comida. En lugar de ayudarle desde el otro extremo, o de sentarse a su lado para ayudarle a cortar, un fornido asistente se puso detrás del crío y, rodeándolo con los brazos, puso sus manos sobre las del chico y juntos trocearon la comida. Fue lo suficientemente amable y sabio como para trabajar *con* el alumno en lugar de hacerlo *para* él. ¿No es eso lo que el Divino Amado hace por nosotros? Ella o Él pone su energía alrededor de nosotros, nos abraza y trabaja *con* nosotros para ayudarnos a cortar lo que es demasiado difícil.

Una vez comprendemos que Dios está a nuestra espalda, listo para trabajar con nosotros, la esperanza crecerá de forma natural en nuestros corazones.

Contar con nuestros ángeles

Una manera de cultivar la esperanza y el optimismo es utilizar la oración. Existen indicadores empíricos y científicos que señalan que la oración invita a que la esperanza, la sanación y el optimismo acudan a nuestras vidas y nos ayuda a navegar con gracia por los pasajes difíciles, promoviendo el crecimiento. En un estudio dirigido por el Departamento de Ciencias de la Salud de la Universidad de Washington, los investigadores entrevistaron a más de doscientos pacientes de cirugía cardiaca, antes y después de su estancia en el hospital. Su objetivo era evaluar el hábito de rezar de los enfermos y sus sentimientos con relación a la operación y sus resultados. La jefa del equipo de investigación, la doctora Amy L. Ai, llegó a la conclusión de que el uso de plegarias elevaba significativamente el optimismo del paciente que iba a entrar en el quirófano. Según su informe aparecido en *Research News & Opportunities in Science and Theology* (Noticias y Oportunidades en Ciencia y Tecnología), el poder de la oración no dependía de la asistencia a misa o el tipo de confesión religiosa. Curiosamente, los científicos descubrieron que el efecto de la oración era más fuerte en los pacientes de más edad, tal vez porque han tenido más oportunidades de madurar y reaccionar frente a crisis vitales.

Para algunos médicos, la evidencia del poder curativo de la oración es simplemente demasiado llamativa como para ser ignorada. «Decidí que no utilizar la oración por el bien de mis pacientes era el equivalente a retirarles un medicamento o un procedimiento quirúrgico que necesitaran», dice el doctor Larry Dossey, un internista y autor de *Las palabras cura-*

tivas y la oración son la medicina de Dios. Incluso los Institutos Nacionales de la Salud se están apuntando al carro de la oración al subvencionar el estudio que John Hopkins lleva a cabo en mujeres con cáncer de mama que dicen una plegaria meditativa dos veces al día.

El optimismo y la esperanza son gemelos fraternales

La conocida defensora de la oración Catherine Marshall nos confiesa: «Mis respuestas más espectaculares a los rezos se han producido cuando me hallaba tan abatida y fuera de control que no era capaz de hacer nada por mí misma». Mi amiga Claudia tiene un tumor cerebral que le altera la vida y le produce síntomas graves de manera irregular. Después de un ataque de vértigo particularmente malo, tuvo una cita con una nueva doctora que resultó ser extraordinariamente abierta y expansiva. «Llevábamos unos minutos de palique» —dice Claudia— «cuando esta doctora me dice: "Desde que has entrado en la consulta he tenido ganas de decirte que estás rodeada de ángeles y quieren que te diga que es preciso que les pidas ayuda. Si quieres que hagan algo por ti, tienes que pedírselo"».

Con una carcajada, Claudia me explica: «Bueno, que una doctora te diga que les pidas ayuda a tus ángeles es algo que verdaderamente me llamó la atención». Agradecida por el mensaje, pero todavía con dolor de cabeza y tambaleándose a causa del vértigo, Claudia se fue a la cama cantando el viejo himno: «Bendita confianza, Jesús es mío…» a modo de regalo para sus ángeles.

Durante la noche se despertó sintiéndose bendecida por un maravilloso sueño animal pero desilusionada porque el vértigo estaba todavía presente. Inasequible al desaliento, Claudia volvió a dormirse cantando «Bendita confianza». Por la mañana, se despertó cantando en voz alta la frase: «Tú que compartes conmigo mi carga...» del himno «Un paseo más cerca de ti». Con gran excitación me contó: «Me rodeaba una paz hermosísima, y sentía por todas partes ángeles dulcificándome el alma, mis síntomas, mis miedos. El amor me envolvía por completo. Me sentía como un niño pequeño al que acunaba y cantaba la más amante de las madres. ¡Era fabuloso!».

Aunque la mayoría de nosotros solo rezamos y buscamos evidencias de la existencia de ángeles cuando la desesperación nos hace hincarnos de rodillas, no hace falta esperar hasta entonces. Podemos llamar a nuestros ángeles y dar rienda suelta a la oración mientras hacemos fila para pagar, entre los turnos de un partido de béisbol o donde y cuando nos entren las ganas. Uno de mis encuentros angélicos más dramáticos tuvo lugar en la consulta del dentista. Como no soy la más valiente de los pacientes dentales, fui rezando por el camino, pidiéndoles a mis ángeles que estuvieran conmigo, que me protegieran y que impidieran que me deshiciera en quejidos.

Conocedor de mis dificultades en estos trances, mi dentista trató de distraerme hablándome de una pareja del mundo del espectáculo, Rodgers y Hammerstein. Con los ojos cerrados (seguramente solo los masoquistas redomados se quedan con los ojos abiertos cuando a uno le presionan y le taladran la boca con objetos extraños) y mi mano sudorosa aferrada a la del pobre ayudante del dentista, mi mente se entretuvo unos instantes pensando en Kukla, Fran y Ollie como trío de cómicos.

De pronto, a la derecha del ayudante del dentista, «vi» un ángel que me sonreía con gran deleite y un afecto desbordante. Nunca me he sentido tan adorada, querida y protegida. Lágrimas de indescriptible gozo afloraron a mis ojos y rodaron por mis mejillas. Al no conocer la causa de aquel surtidor, tanto el dentista como su ayudante trataron de tranquilizarme. Cuando por fin dedujeron que mi balbuceo algodonoso, secundado por el sonido del taladro, les indicaba que acababa de ver un ángel, imagino que se preocuparon todavía más. Pero se comportaron muy amablemente e hicieron como si los pacientes les informaran con frecuencia de visiones semejantes. Mientras escribo esto, me río y lloro al recordarlo. En aquellos momentos estaba tan abrumada que no me paré a pensar si era oportuno relatar mi experiencia.

Quiso la «suerte» que aquella tarde tuviera una reunión con mis colegas consejeros espirituales en el hospicio. En aquel ambiente seguro y acogedor conté entre gozosos sollozos lo que ocupaba mi corazón. Mi historia espoleó a otros a revelar vivencias similares. ¡Vaya día! Pero todavía no había terminado...

¡Aquella noche estaba en la cama hojeando catálogos cuando vi a mi ángel! Allí estaba ella, haciendo de modelo en un catálogo de precios rebajados. Qué regocijo —tenía la misma energía dulcemente maliciosa que había sentido que emanaba de ella anteriormente ese mismo día. Le puse por nombre Sam: S por sensible, A por adorarme y ser adorable y M por maliciosa. Aunque no la he vuelto a ver físicamente, hablo con ella a menudo y siento su presencia habitualmente. Sam sigue siendo un valioso y bien recibido heraldo de esperanza en mi vida.

Confiar en los guardianes y guías

Aunque los ángeles nos asisten e intervienen con mayor presteza en nuestro favor cuando les pedimos ayuda y guía, a veces no hay tiempo de llamarlos para que nos socorran. A Melinda, una joven cliente, le cayó un rayo mientras cabalgaba: «De repente, mi caballo salió disparado y a mí me embargó un dolor imposible de imaginar. Pero entonces todo se quedó en calma y la mujer que me sostenía me dijo que la ayuda estaba en camino y que me pondría bien. Yo pensé que era una excursionista o algo así, pero ella desapareció cuando llegó la ambulancia con servicios médicos. Me quedé perpleja cuando me dijeron que yo había estado sola hasta que el hombre que les llamó salió corriendo de su casa para ver si yo estaba viva». ¿Quién sabe? Puede que el corazón de Melinda estuviera pidiendo auxilio sin que ella fuera consciente de ello y eso hubiera sido suficiente para facilitarle ayuda tangible —aunque invisible para los demás. Y el mensaje de la mujer resultó ser cierto. La ayuda llegó y, tras hacer fisioterapia, Melinda se puso bien.

> *Pedir es una opción. La intervención es un misterio.*

En algunas personas el concepto de los ángeles no encuentra ningún eco y está bien así. En una ocasión me hallaba dirigiendo a un joven en una meditación guiada y le pedí que invitara a acudir al ojo de su mente a un Ser amante y sabio que se preocupara por él incondicionalmente. Él se empezó a reír.

—¿Qué estás experimentando? —le pregunté un poco sorprendida por su respuesta.

—Mi Ser es una ardilla bobalicona con el rabo respingón —me dijo.

—¿Qué sientes hacia ella?

Con una sonrisa tranquila, respondió:

—Es perfecta, no es grandiosa, pero es perfecta para mí.

Tu heraldo de esperanza puede ser cualquier cosa: un animal, un pariente o amigo que estén en el otro lado, un sentido de lo Divino o una idea que te parezca espiritual o emocionalmente adecuada y esperanzadora. El único criterio es que tu ángel o heraldo te profese un gran afecto. Mientras el cliché sirva para darte confianza, a Dios no le importa el modo en que lo llamemos a Él o Ella, siempre y cuando lo llamemos.

Últimamente me he convertido en verdadera defensora de la igualdad de oportunidades. Estoy continuamente implorando, dando las gracias y haciendo preguntas a quienquiera que esté escuchando. Mi maravillosa madre que lleva muchos años muerta, recibe peticiones cada vez que mis hijos están sufriendo, al igual que los ángeles y guías particulares de los niños.

Desde mi primer contacto con los ángeles la idea de los Ángeles Guardianes parecía algo natural, pero la idea de los ángeles como guías —o Ángeles Guías— fue un don que se produjo espontáneamente. Estaba confeccionando una cinta de meditación para mi sobrina, a quien le iban a practicar una mastectomía y quería algo relajante para escuchar antes y después de la operación. Como de costumbre, les requerí a sus Ángeles Guardianes que la protegieran durante el procedimiento quirúrgico. Sin intención consciente, solicité después a los Ángeles Guía de los equipos médicos que les ayudaran a acceder a sus más altas capacidades profesionales y sus seres personales más compasivos durante la intervención. Aunque nunca había usado ese término antes —ni tan siquiera había considerado la posibilidad de que los ángeles actuaran como guías— la idea encontró resonancia en mi corazón y he creído en ellos desde entonces.

Los Ángeles Guía me recuerdan a los amigos de los que habla Santa Teresa de Lisieux en el siguiente bello ejemplo de petición de ayuda supraterrrenal: «Oh Ángel de la Guarda, cúbreme con tu ala; Oh Amigo, ilumina mi camino. Dirige mis pasos y dame protección, por hoy simplemente».

> *Simplemente por hoy, podemos darnos permiso para volver nuestros corazones hacia los guardianes y guías cuyo gozo consiste en asistirnos, apoyarnos y protegernos.*

Hoy podemos abrazar la creencia de que no estamos solos, que el amor es más fuerte que el odio y la ignorancia y que Dios y el bien prevalecen. Hoy podemos recibir a los heraldos de la esperanza en nuestros corazones y almas, haciéndonos conscientes de la intervención, la influencia y la afirmación angélicas.

Hacerse consciente de la intervención, la influencia y la afirmación angélicas

Por todas partes hay pistas de los heraldos. Lo único que tenemos que hacer es sintonizar nuestras mentes y corazones para darnos cuenta de su existencia. Cuando decides comprarte un nuevo coche y entonces empiezas a ver ese coche por todas partes, cuando decides dedicarte a la fotografía o la pintura y empiezas a verlo todo como si estuviera enmarcado, cuando piensas en un amigo con el que has perdido el contacto y las pocas horas te llama —se están produciendo ejemplos de magnetismo y el poder de la concentración de la energía. Aquello que nos interesa se registra en nuestra conciencia. Lo mismo ocurre con la intervención, la influencia y la afirmación angélicas. Cuando ponemos nuestras miras en hacernos conscientes del susurro de las alas de los ángeles, es muy posible que reconozcamos su suave y poderoso roce en nuestras vidas y nuestros corazones.

Hace un par de años, justo antes de Navidades, una prueba médica que me había hecho voluntariamente indicaba que podía tener una enfermedad cardiaca seria. Los análisis que confirmaran o refutaran el diagnóstico —mi personalidad Reina del Drama podría decir «sentencia de muerte»— no podían realizarse hasta después de las vacaciones. No solo estaba asustada, también estaba enfadada y —aunque me cueste admitirlo— avergonzada. La vergüenza se produjo como resultado de mis pensamientos recriminatorios, muchos de los cuales cuestionaban por completo el propósito de mi vida. ¿Me estaba diciendo esta enfermedad del corazón que había fallado dando amor? ¿Todo mi trabajo en torno a la apertura del corazón y basado en un espacio más centrado en el corazón era simplemente una farsa? ¿Era yo una impostora, una farsante, una falsificación? El hecho de saber que hablarme a mí misma de aquella manera era destructivo solo servía para hacerme sentir aún más fracasada. Como de costumbre, cuando me hallo en algún apuro, recurro a mi oración favorita: ¡Ayuda!

La ayuda vino de un modo maravillosamente especial. Mis hijos, Mike y Brett, me regalaron una fuente de agua Zen por Navidad. Contenía todos los avíos que la caja prometía, además de una sorpresa extra que no estaba listada como parte del paquete. Acurrucada en su bello saco de seda se hallaba la figura de resina roja de una tortuga, el símbolo Chino de la longevidad. Ajá... Nosotros elegimos verlo como una inteligente afirmación angélica que decía que yo estaba sana. Se me quitó un peso de encima mientras nos reíamos y dábamos las gracias a quienquiera que hubiera metido la tortuga afirmadora de vida. Después de Año Nuevo, cuando el cardiólogo, que había hecho otras tropecientas pruebas, me dijo que tenía el «corazón tan fuerte como el de un caballo», me sentí complacida pero no sorprendida.

La tortuguita fue en realidad la segunda intervención angélica que experimenté durante el Tiempo de Desconocimiento. Hallándome em-pantanada en medio de pensamientos de autosabotaje y viejos patrones de conducta, me fui a dar un paseo y me caí de espaldas sobre el hielo dándome un buen culetón. Fue la caída más dura que había tenido desde que era pequeña. Milagrosamente —y lo digo completamente seria— estaba impactada pero no herida. Todavía en el suelo, les di las gracias a mis ángeles y me di cuenta allí mismo de que a veces podemos desplomarnos hacia atrás, recayendo en viejos hábitos negativos, y no hacernos daño porque hay guardianes y guías que amortiguan nuestras caídas.

> *La esperanza es una actitud angélica. Nos ayuda a ver revestimientos de plata escondidos en el interior de oscuras nubes y nos da el valor para elevarnos por encima de la tribulación y el desencanto.*

¿Por qué ocurren los milagros en ciertos momentos y no en otros? No lo sé. Podemos plantear explicaciones más o menos teóricas o intuitivas, pero lo cierto es que probablemente la respuesta se halle más allá de nuestra capacidad de comprensión. Es una de las cosas que están en mi lista de preguntas para hacerle a Dios después de que me muera. Por ahora, me contento con aceptar el Misterio y dar sencillamente las gracias por cada momento.

Recolectar vislumbres de gracia

> No entiendo en absoluto el misterio de la gracia
> —únicamente sé que nos encuentra donde estamos,
> pero no nos deja donde nos encontró.
>
> ANNE LAMOTT

Una eficaz manera de cultivar esperanza consiste en percibir cada pequeño destello de gracia que roza nuestras vidas y almas y dar gracias por él. Cada saludo angélico, cada gesto amable procedente de un extraño, cada sonrisa que nos coja por sorpresa, el amor de la familia y los amigos, cada sincronicidad o coincidencia que aporte un poco de dulzura a nuestro mundo, todo esto son actos de gracia. Cuando damos menos cosas por sentadas y nos concentramos en esos pequeños vislumbres que dan un toque de gracia a nuestros días, nos ponemos en disposición de apreciar y disfrutar más profunda, rica y ampliamente de lo que tenemos y lo que somos.

> *La gracia a menudo se cuela en nuestros días más oscuros, primero como un efímero destello fácilmente desechable y después como un resplandor en constante crecimiento.*

Dados los peligros y pruebas que pueblan nuestro mundo, puede que estés preguntándote si es responsable o incluso posible ver la gracia alrededor de nosotros. Cada fibra de mi ser cree que la respuesta es un enfático *Sí*.

Como dijo Victor Frankl: «La última de las libertades humanas consiste en elegir nuestra actitud en cualquier conjunto de circunstancias». Herr Frankl sobrevivió a los horrores de los campos de concentración nazis y se convirtió en un amado y respetado profesor que animaba a la gente a concentrarse en lo bueno que hubiera fuera y dentro de ellos mismos. En medio de penurias indescriptibles, fue capaz de mantener una actitud positiva, de abrirse a la realidad de la gracia y de propagarla entre sus compañeros prisioneros. Así es como opera la gracia. Se propaga. Tal vez aquellos de nosotros que elegimos robustecer el presente, dar la bienvenida a los heraldos de la esperanza y cosechar vislumbres de gracia, podamos convertirnos en luminosos portadores de un Nido de Bendiciones que traiga consigo un resurgir del bienestar y la esperanza. Sería una contribución maravillosa.

Ver y aceptar las señales

Esta semana he tenido una conversación con una amiga que vive a muchos Estados de aquí en la que nos hemos puesto al día. Nos conocemos desde que nuestros hijos eran diminutos bebés y nos hicimos hermanas de alma mientras atravesábamos juntas el áspero terreno del divorcio. Antes de esta charla, yo conocía a Pam como una persona que tenía tendencia a ver el vaso medio vacío y nubes negras en cada horizonte. Desde nuestra anterior conversación, unas semanas atrás, cuando la angustia y el enojo la corroían, había cambiado. Cuando le pregunté qué había pasado, me respondió: «Últimamente solo me permito ver las noticias unos pocos minutos al día, y estoy absolutamente decidida a ver los arco iris de todas las tormentas que se produzcan».

—Vaya, ¿y a qué se debe esto? —le pregunté.

—A un par de cosas. Me he cansado de estar disgustada y enfadada todo el tiempo. Me he dado cuenta de que mi estado de ánimo estaba afectando negativamente a mi matrimonio, así como a mis hijos y nietos. Así que me he dicho, qué demonios, voy a buscar las cosas buenas.

Cuando le pregunté cómo marchaba la nueva perspectiva, me dijo que se sentía mucho mejor y que sus relaciones se estaban revitalizando y volviéndose otra vez divertidas. Y, por extraño que parezca, estaba observando mayor belleza y compasión a su alrededor de la que había contemplado en mucho tiempo. «Ayer mismo, deambulaba por el patio, rumiando lo mal que están las cosas en el mundo cuando una mariposa se me posó en la mano. Era como si Dios me estuviera diciendo: «Mira la belleza y la delicadeza que te muestro, Pam». Lo interpreté como una señal de esperanza y un recordatorio para buscar los arco iris».

Sorprendentemente, a medida que Pam se da permiso para concentrarse en los signos de bondad y belleza, también tiene más energía para ser útil a la gente que necesita ayuda a su alrededor. «Es curioso lo mucho que tengo para dar ahora que no estoy pendiente de toda la basura que acontece».

Las señales de benevolencia y belleza, tanto milagrosas como corrientes, abundan. Nos corresponde a nosotros aceptarlas como ofrendas de esperanza. Como le gusta decir a mi amiga Susan: «El sentido de las estaciones es mantener viva la esperanza».

Yo trato de acordarme de mirar en torno a mí en pos de señales de gracia que pueda ver con los ojos y guardar en el corazón. Las dos que se me ocurren ahora mismo son un jarrón de narcisos sobre la cómoda y un sedoso gato roncando sobre el alféizar de la ventana. Las dos reconfortan mi corazón y me hacen sonreír.

Hay otros signos que son menos obvios y cuya interpretación es asunto nuestro. Cuando me hallaba inmersa en un importante proyecto como escritora, mi marido, Gene, me dio una sola rosa rosa. Duró mucho más de lo que podíamos haber imaginado. Al decimoquinto día —el día que yo había etiquetado mi proyecto como «mierda de vaca sobre papel»— advertí un nuevo vástago espachurrado en el estrecho cuello del florero. Las tiernas hojas rojas comenzaron a desplegarse tan pronto como trasladé la rosa a otro jarrón. Ummm..., le enseñé a Gene el nuevo brote en la ya de por sí sorprendente rosa, y decidimos verlo como una señal de que, a pesar de mi preocupación, podía haber algo nuevo y fresco acechando entre las mierdas de vaca después de todo. El hecho de elegir interpretar el nuevo capullo como un signo positivo me proporcionó energía renovada e hizo que mi entusiasmo por el proyecto resurgiera.

Al parecer, últimamente cada vez hay más personas que perciben señales milagrosas. Los relatos de visitaciones angélicas podemos encontrarlos indistintamente en periódicos tradicionales y liberales. La televisión, asimismo, cuenta con un tropel de programas que narran milagros y experiencias inexplicables que, en su mayor parte, han aportado mucha paz a sus destinatarios.

Me tranquiliza el hecho de que ahora podamos compartir estas historias extraordinarias con mayor libertad, ya que las reticencias a hacerlo han hecho sufrir a mucha gente. Uno de mis primeros pacientes del hospicio era un caballero de edad avanzada que me confió que estaba seguro de ser un «chiflado» y que no iba a ser admitido en el cielo. Su temor se basaba en dos experiencias que habían ocurrido cuarenta y cincuenta y cinco años atrás. En la primera, su hermana se le había aparecido al pie de la cama para decirle que era muy feliz y que no se preocupara por ella. Pocos días después —las noticias viajaban con mucha mayor lentitud en aquel entonces— llegó de Europa la noticia de que había muerto la noche que se le había aparecido. Él no se lo dijo a nadie porque se temió que estaba loco.

Quince años más tarde, se le apareció un ángel en el cuarto de las calderas del colegio en el que estaba empleado como conserje. «Estaba tan deprimido que pensaba en acabar con todo», me dijo mi paciente. «Pero mi ángel me persuadió de ello.» Este encantador hombre había guardado también para sí esta segunda experiencia asombrosa. Afortunadamente, tuvo el valor de contármelo a mí, porque así pude compartir con él experiencias similares que otros pacientes me habían contado. Se sintió aliviado al escuchar que no era el único chiflado que había por allí y, con el miedo transformado, murió en paz unos días más tarde.

El modo en el que vemos algo es cosa únicamente nuestra. Podemos creer en las señales, los milagros y las visitaciones... o no. Podemos ver la luz en medio de la oscuridad y la desesperación, y podemos ver signos de esperanza por todas partes. La elección es nuestra.

Conociendo la tendencia humana a elaborar historias para explicarnos las cosas, me inventé este lema: «Si vas a tener una fantasía, que sea buena». El erudito y filósofo William James apoya mi punto de vista cuando escribe: «La creencia crea el hecho que acontece». Si abrazamos la creencia en los milagros, la magia y la benevolencia de lo Divino, se convierte en un esperanzado hecho en nuestras vidas. Ver e interpretar las señales como uno de los modos que tiene Dios de animarnos puede darnos una gran sensación de seguridad y servir de bálsamo a nuestras cansadas almas. Además, es divertido.

PRÁCTICA PARA PERCIBIR VISLUMBRES DE GRACIA

Por el simple placer de hacerlo, mira a tu alrededor ahora mismo y fíjate en las señales de esperanza y los vislumbres de gracia. Cuando algo capte tu atención, concéntrate en ello por completo durante un minuto. ¿Qué gracia cosechas al contemplarlo con agradecimiento?

Concentrarse en la luz interior y exterior

Una de las cosas más hermosas que tenemos los seres humanos es que, por muy mayores que seamos o por muy arraigados que estén nuestros hábitos, podemos cambiar. Podemos cambiar nuestras mentes; podemos elegir empezar de nuevo momento a momento, día a día. Podemos ampliar la apertura de nuestro corazón para que penetre más luz. Podemos fijarnos la intención de concentrarnos en algo positivo, en lo bueno que hay dentro de nosotros y de los demás en lugar de buscar los defectos y regodearnos en los sentimientos de futilidad. Al concentrarnos en la luz, nuestras actitudes, juicios y miedos se suavizan y contribuimos a iluminar nuestro asediado mundo. Centrarse en la luz interna y externa alienta el crecimiento de la esperanza.

Creedme, sé que fijarse en la luz en medio de la oscuridad no es una tarea fácil. A la mayoría de nosotros no nos sale de manera natural. Pero la esperanza no puede crecer en la oscuridad de la tormenta y la turbulencia que nos seducen con su ansiedad y excitación. El otro día, en el supermercado, escuché una conversación entre dos mujeres en la que una de ellas se disculpaba por hablar de los problemas que tenía. Su amiga le contestó: «No pasa nada. Las cosas malas suelen ser más interesantes que las buenas». Al oír ese comentario me pregunté si nuestra cultura no estaría desarrollando una adicción al desastre.

Si eres una persona cuya morada es la oscuridad, recuerda que tienes el poder de cambiar tu punto de mira. En cualquier momento. Maddie, una de mis clientes, ha estado trabajando sobre su tendencia, según sus propias palabras, a «acentuar lo negativo». En una sesión reciente me decía: «Me he levantado esta mañana cantando una vieja canción de los tiempos del campamento de la parroquia. La letra dice así: "Este es el día que ha hecho el Señor, regocijémonos en él"». Continuó explicándome que le sorprendió mucho empezar el día cantando, porque la noche anterior no había dormido apenas debido a una sinusitis. A medida que avanzaba el día, se vio claramente que su sabio inconsciente había estado preparando a Maddie para un arduo día.

«Así que el día fue empeorando, con una crisis tremenda en el trabajo y otro montón de cosas, pero yo me sentía extrañamente centrada y boyante... ¡Esa es la palabra! *¡Boyante!* Como si pudiera volver a surgir a la superficie fueran cuales fueran las circunstancias.» Le pregunté si sabía por qué se sentía así, y me respondió: «Creo que era pura gracia. Cada vez que me sentía hundida, notaba que una parte de mi cerebro seguía cantando: «Este es el día que ha hecho el Señor, regocijémonos en él», y un pequeño destello de gozo se abría paso».

Concentrarse en la luz no significa edulcorar temores y sentimientos que son válidos. Como hemos explicado anteriormente, es importante expresar los sentimientos de manera constructiva. Mi amiga Stacy, una mujer muy fuerte y capaz, me dijo recientemente que por fin se había dado cuenta de que tenía que encontrar un lugar donde poder dejar de ser una roca y hablar sobre el miedo y el enojo relacionados con la batalla de su marido contra el cáncer. Quiso la suerte (¿o fue acaso una intervención angélica?) que se encontrara con una amiga de confianza que se pudo ir a comer con ella en aquel mismo momento. Abrigada por la seguridad que le proporcionaba el amor de su amiga, Stacy fue capaz de llorar y airear sus emociones contenidas.

«Ahora que he hecho eso, me siento otra vez fuerte. Sigo estando triste y disgustada, pero tengo la fuerza suficiente para afrontar el siguiente paso». A veces, expresar la oscuridad y el desaliento es la única manera de iluminar el camino que los atraviesa.

Por supuesto, no es posible llevar siempre por la vida las trenzas de Pollyana, ni ver la bondad y la luz en todo momento y circunstancia. Sin embargo, cuando tenemos la intención de concentrarnos en lo positivo, podemos aprender a buscar la luz que encierran nuestros sentimientos y circunstancias, incluso en medio de un agudo dolor. Sirve de ayuda recordar que todas las piedras preciosas se forman en las oscuras profundidades de la Madre Tierra, en su mayor parte bajo las acometidas del fuego y una presión extrema. Lo mismo ocurre con la mayoría de nuestras valiosas gemas, como la compasión, la tolerancia, la creatividad, la fe la esperanza y el amor. Estas invaluables cualidades se forjan a menudo en las fraguas del dolor, la decepción y el miedo.

Una lectora, Marge, me envió una carta en la que me contaba su maravillosa experiencia de concentración en la luz: «Hace dos meses la suerte me sonrió con un cáncer. Me sometí a una cirugía radical de mama y ganglios linfáticos, y ahora estoy esperando recibir los tratamientos de quimioterapia y radioterapia. Las oleadas de amor, las interminables muestras de cariño que los amigos me han prodigado han sido abrumadoras. Tengo muchísimos amigos, familiares y ángeles que acuden de todas partes». Esta inspiradora mujer debe estar creando gemas valiosísimas en el horno de su crisis.

Me encanta el adagio: «La energía fluye allí donde va la atención», porque es absolutamente cierto. Al concentrarnos en la oscuridad y la negatividad intensificamos el poder que tienen sobre nosotros. Al concentrar nuestra atención en la luz y las bendiciones las vivificamos y robustecemos. ¿Te has dado cuenta de que te vuelves más amable, divertido y creativo entre aquellas personas que ven esas cualidades en ti y disfrutan de ellas? Yo desde luego sí. Cuando los demás reconocen nuestras virtudes, la energía fluye hacia ellos y somos capaces de expresar las cualidades apreciadas con mayor facilidad y vigor.

> *Conferimos poder a aquello en lo que ponemos la atención.*

En estos momentos me hallo en vías de recuperar la salud tras haber caído en cama a causa de un obstinado virus. Energéticamente, me siento como un globo desinflado. Puesto que la paciencia con los padecimientos físicos no ha sido nunca lo mío, sé que puedo tratar de hacer demasiadas cosas antes de tiempo. Me está costando, pero he optado por darle a mi cuerpo la atención positiva que merece. Trato de acordarme de expresarle mi gratitud por su capacidad para curarse, por las lecciones emocionales que han sido parte de este periodo de reclusión. Intento procurarle descanso y escuchar sus demandas.

PRÁCTICA PARA ATRAER ENERGÍA POSITIVA

¿Hay algún aspecto de tu vida que necesite más energía positiva? Cualquier cosa que para ti sea significativa puede encajar aquí.

- Una determinada relación.
- Disponer de más tiempo de tranquilidad.
- Maneras de ser mejor amigo de ti mismo.
- Permanecer en el momento presente.
- Advertir las sincronicidades como posibles mensajes angélicos.
- Acentuar lo positivo.

Cuando hayas elegido algo, haz el siguiente experimento conmigo.

Durante un par de días concentra tu atención básicamente en las facetas más luminosas y positivas del aspecto que hayas seleccionado. Céntrate en la apreciación de las cosas, tanto las diminutas como las enormes, que sean buenas, verdaderas y bellas en relación con el objetivo que te has trazado. Escucha con un oído sintonizado con el entendimiento y un corazón sintonizado con el amor. Ábrete a los vislumbres de gracia que centellean en tu interior o en la situación. Recuerda que la energía fluye allí donde va la atención.

Al hacernos conscientes de la luz que hay dentro de nosotros, de los demás y de la vida en general, revitalizamos y robustecemos la bondad y la gracia inherentes a nuestros corazones y almas. La imagen que yo tengo en mi mente es la de un huevo fertilizado caldeándose con el calor de la luz de una incubadora. Bien a gusto y tostadito bajo la lámpara, el polluelo finalmente se libera con el pico de su cáscara y nace al mundo. Creo que hay numerosos huevos de esperanza, sanación, amor y creatividad en tu interior esperando poder emerger de sus cáscaras tras ser calentados por la energía de la acción positiva.

Dejar que brille nuestra luz

Nuestro miedo más profundo no reside en la posibilidad de resultar insuficientes.

Nuestro miedo más profundo radica en que seamos poderosos más allá de toda medida. Es nuestra luz, no nuestra oscuridad, lo que más nos asusta.

MARIANNE WILLIAMSON

A muchos de nosotros, especialmente a las chicas, se nos ha enseñado a «no darnos muchos aires» o «no creérnoslo demasiado». Todavía nos podemos sentir muy incómodos si alguien nos hace un cumplido que parece demasiado generoso o si lo realiza delante de otras personas. El miedo a que nos retiren el amor y la aprobación si permitimos que nuestra luz brille demasiado todavía acecha en nuestras psiques. ¡Que desventura! Deberíamos dejar que nuestra luz brillara con la mayor fuerza posible. Es una manera eficaz de espantar la oscuridad y el miedo que tanto abundan en nuestras familias y en la sociedad. Si alguna vez nos han reprendido por relumbrar, darnos permiso para brillar en el presente requerirá un sólido compromiso.

Una de las maneras en las que trabajo con el miedo que sabotea nuestro propio brillo consiste simplemente en reconocerlo en el momento en que surge. Cuando me descubro a mí misma cambiando apresuradamente de tema si alguien me hace un cumplido, digo en silencio: «Ya estás ahí otra vez, cielo», y me tranquilizo diciéndome que ya no me amenazan el rechazo o la recriminación. También me digo que lo que yo tengo que aportar es valioso. Es un viaje incesante.

En la cena de cumpleaños de nuestro nieto, el niño me pidió que le leyera un mensaje que le había salido en una golosina. Decía así: «Eres especial lo mismo que todo el mundo». Hurra y aleluya, qué mensaje tan dulce para un dulce. Todos somos especiales, cada uno a su bella y única manera. Y que cosechas de amor y esperanza tan copiosas podríamos tener si la mayoría de nosotros dejáramos que brillaran nuestras luces durante la mayor parte del tiempo.

Irradiar gratitud

Una de las formas más eficaces de permitir que nuestras luces brillen consiste en irradiar gratitud. La gratitud es un sentimiento cálido y amistoso de apreciación y agradecimiento. La gratitud aligera nuestros espíritus y hace madurar la esperanza en nuestro corazón al igual que la luz del sol sazona el trigo que ondea en los campos. Al igual que cualquier otra actitud, la gratitud puede ser alimentada, cultivada y, si es preciso, trasplantada.

> *La gratitud es la medicina más efectiva para asegurarnos la salud física, emocional y espiritual, tanto a nivel individual como para nuestro planeta en su totalidad.*

Todos hemos experimentado temporadas en las que hemos extraviado nuestro sentido de la gratitud. Sin él, ¿no parece que el mundo disminuyera y se oscureciera como si un estrecho surco de tristeza, desesperanza y negatividad se cerrara sobre nosotros? Nadie niega que la vida tenga sus aspectos sombríos, pero no tenemos por qué quedarnos atrapados en ellos. Cuando nuestros corazones están doloridos y nos olvidamos de la gratitud, tenemos que empezar por ser amables con nosotros mismos. Cuando atravieso uno de esos periodos olvidadizos, cierta cita del poeta sufí del siglo trece, Rumi, me ayuda a poner mi amnesia de gratitud en perspectiva. Esto fue lo que dijo: «Si pones una pizca de vinagre en un montón de azúcar, ¿qué importancia tiene?». Sus palabras me recordaron suavemente que había perdido de vista la benevolencia: «No pasa nada porque te hayas alejado de la gratitud durante un rato, Sue. Solo se trata de una pizca de vinagre. Si quieres, puedes efectuar otra elección ahora. No hay que preocuparse».

Otra cosa importante que he aprendido a hacer en tiempos oscuros y desesperanzados es a decir simplemente «¡gracias!», incluso cuando suena falso y vacío. La tendencia hacia la gratitud y la energía inherente incluso en un apático «gracias» parecen resonar en el mismísimo centro de nuestro ser y calman nuestros corazones y nuestras almas. Dar las gracias por algo que acaba de suceder ahora mismo tiene el valor añadido de ser capaz de volver nuestro foco hacia el presente, y por lo tanto enriquecer el presente. Por ejemplo, en este mismo momento me siento agradecida por dos cosas diferentes, por la balsámica brisa que entra a ráfagas por la venta trayendo la promesa de la primavera y por el sentimiento de calma que me produce el que mi ordenador tenga uno de sus días más cooperativos.

Sally, una mujer extraordinaria por su actitud de gratitud, me impresionó especialmente por el modo sensato y constructivo en el que manejó una situación traumática, tanto para ella como para su marido: «Cuando nuestra hija resultó herida en un accidente de coche, tuve miedo de que a mi esposo le diera un colapso nervioso. Lo distraje sugiriéndole que hiciéramos una lista de cosas por las que dar gracias en esos momentos. Al principio se negó a hacerlo, pero yo insistí. En efecto, después de que elaboráramos una lista bastante larga, que incluía el hecho de que a nuestra hija la estaban cuidando en un hospital, se sintió más calmado y optimista». Tengo el gusto de poder informaros de que su hija es ahora una adolescente sana.

Incluso en una circunstancia calamitosa como la de Sally, hay por lo general algo por lo que podemos estar agradecidos también *entonces*. En algunos momentos, el hecho básico de que todavía estemos respirando puede ser lo principal por lo que podamos dar gracias. Y ya es algo. Cualquier cosa por la que podamos dar las gracias sería buena, porque la gratitud, por minúscula que sea, abre nuestros corazones a la gracia y a la posibilidad de la esperanza. ¿Por qué podrías estar agradecido en este preciso instante?

En una entrevista en la televisión pública, el pintor y poeta de San Francisco Lawrence Ferlinghetti declaró:

«Todo lo que quiero hacer es ir por ahí pintando luz en las paredes de la vida». Me encanta esa imagen. Irradiar gratitud es una de las mejores maneras de pintar luz en las paredes de nuestras vidas y las de los demás.

Practicar la graciosa aceptación

En un viaje que hicimos a Florida con otra pareja, mi marido y yo nos vimos hostigados por una lluvia constante, los implacables mosquitos y una humedad enervante. ¡Menudo plan! Afortunadamente, Gene estaba leyendo un libro de meditación en el que se hablaba del concepto de la *aceptación graciosa*. El simple hecho de recordarnos el uno al otro esas dos palabras nos ayudaba a mantener el ánimo, hacía brotar las carcajadas (por no hablar del sudor) y aligeraba nuestra actitud. Aunque nuestras expectativas de gozar de un día soleado se vieron frustradas, recogimos conchas en los intervalos de la lluvia, y Gene y yo protagonizamos una historia (de camisetas mojadas en bici esquivando los rayos) con la que deleitar a las amistades. Hubiéramos preferido, desde luego, volver a casa con un estupendo bronceado, pero aceptar con gracia lo que había creó una energía que invitaba a los buenos momentos, hiciera el tiempo que hiciese. Rezongar por algo que no podíamos cambiar hubiera empapado nuestros espíritus mucho más que la lluvia y la humedad.

En tanto que muchas enseñanzas espirituales apremian a sus seguidores a trabajar y jugar con «lo que es» y a resistirse a quedarse enredado con los «ojalás», la de la aceptación graciosa es la que resuena con mayor fuerza en mi corazón. Pido disculpas de antemano a los estudiosos del budismo zen si la interpretación que hago de esas palabras no se ajusta a vuestra filosofía. Para mí, la aceptación graciosa consiste en practicar el invaluable arte de la flexibilidad; doblarse como una caña al afrontar circunstancias que escapan a nuestro control; adoptar una actitud abierta hacia lo que es y encontrar lo bueno que hay en ello. De manera ideal, la aceptación graciosa sería estar en un estado de apertura perpetua, ser capaces de decir continuamente a Dios: «Tu voluntad, no la mía», y creérnoslo. Por supuesto, nadie puede hacer eso todo el tiempo, pero aunque nos hallemos lejos de la perfección en la práctica de esta actitud, podemos abrazar la intención de ejercitarla con la mayor frecuencia posible.

El lugar más importante en el que podemos entrenarnos en el uso de esta virtud es dentro de nosotros mismos. No aceptarnos a nosotros mismos supone un abandono emocional —como me señaló una amiga muy querida el otro día, después de que le soltara algunos comentarios llenos de vergüenza por mi propia persona. Este abandono lastima nuestro corazón, que es el cáliz de nuestra esperanza. Tener expectativas poco realistas, castigarnos a nosotros mismos, no honrarnos o aceptarnos como somos, permitir que la vergüenza se instale en nosotros y juzgarnos con dureza son actitudes que causan diminutas rupturas en el campo energético de nuestro corazón, haciendo que se disipen la esperanza y otros sentimientos positivos. No es de extrañar que nos sintamos tan desesperados en la angustia de la autocondena y el abandono de uno mismo.

Tendría que deciros que mi descenso a los viejos y repulsivos patrones de la autorrecriminación ocurrió al hallarme absolutamente devastada por una dolencia persistente.

Es especialmente importante que hagamos extensiva esta ilimitada generosidad hacia nosotros mismos en los momentos en que nos hallemos física o emocionalmente vulnerables. Nos sostendrá y propiciará el rápido regreso de la fuerza y la salud.

> *Al tratarnos a nosotros mismos con compasión, respeto y graciosa aceptación, animamos a nuestros corazones a volver a confiar. y, como resultado, nos procuramos un refugio seguro donde cultivar y cosechar esperanza.*

El mejor modelo que existe de la graciosa aceptación es el agua. Como afirma el sabio chino Tao Cheng: «El agua es acomodaticia, pero lo conquista todo. El agua extingue el fuego o, cuando descubre que es probable que la derroten, se escapa transformándose en forma de vapor. El agua limpia y empapa la tierra o, al toparse con un una roca, busca la manera de rodearla». El agua fluye *siguiendo* la corriente y encontrará el camino de regreso a casa incluso cuando es embalsada por el hombre. El agua es la fuerza absoluta *y* la flexibilidad absoluta. Dándole el tiempo suficiente, el agua triunfará sobre todos los demás elementos. Sea cual sea el reto o la adversidad, el agua permanece fiel a su intención de regresar al hogar y volver al origen.

En *A Course in Miracles* (Curso de milagros) hay una maravillosa frase acuática que ha sido absolutamente esencial para mi cultivo constante de la aceptación donairosa. Dice así: «¿Qué prefieres, tener razón o ser feliz?». Antes de conocer esta sentencia, siempre había pensado que yo sería feliz si podía ser percibida como estando en lo cierto. Y a veces era así. Pero, para que yo tuviera razón, alguien debía estar equivocado. Y esto no me hacía muy feliz, ni tampoco a ese alguien. Por supuesto, tenemos que defender nuestras ideas e ideales, pero, en ocasiones, es más importante afirmar lo que como aliados tenemos en común en lugar de enfrentarnos como adversarios. Resulta mucho mejor para todos.

Se trata de un proceso continuo: aceptar graciosamente ciertas diferencias entre nosotros y los demás, admitir el desacuerdo sin etiquetar la postura del otro como «equivocada» o mala. La mayoría de las veces, cuando me paro a hacerme la pregunta, suelo elegir ser feliz.

Al concentrar nuestra atención en la gratitud y la aceptación, creamos un clima en el que puede florecer la esperanza.

Perdonar abre el flujo

El perdón es otro generador de luz y amor. Nos devuelve al flujo del amor personal y divino, el cual, por supuesto, nos lleva finalmente a nuestro corazón, donde habita la esperanza. Al decir: «Si no perdono a todo el mundo, no seré fiel a mí mismo», parece que Albert Schweitzer estaba indicando que el perdón es una parte genuina y vital del ser humano que ama. Si esto es así, quizá resulte acertado parafrasear la famosa máxima de Alexander Pope de la siguiente manera: «Errar es humano, perdonar divinamente humano».

La falta de perdón, por el contrario, nos bloquea, creando infecundidad en nuestro interior, produciendo un desierto infranqueable que nos separa de nuestro corazón y de aquello o aquellos que necesitamos perdonar. La energía que rodea la herida, el miedo o la injusticia padecida se congela, dejándonos auténticamente «estancados» y abocados a sentirnos solos, desesperados y a resistirnos.

Al negar el perdón estamos permitiendo que otra persona (o una situación) tenga el control de nuestro bienestar. Hay un aforismo que subraya este hecho y que dice así: «Guardar rencor es como tomar veneno esperando que lastime a la otra persona».

Aferrarse a la rectitud, la negatividad, los sentimientos dolorosos y los juicios de valor obstaculiza el flujo de nuestra fuerza vital y nuestro poder personal con la misma eficacia con la que se detiene el agua que fluye por una manguera al pisarla, impidiendo así que circulen a través de nosotros.

Buda lo resume muy bien al decir: «Cuando una persona odia a otra, es el que odia el que cae enfermo: física, emocional y espiritualmente. Cuando ama, es él el que se vuelve pleno. El odio mata, el amor sana».

Como Buda bien sabía, necesitamos ejercitar el perdón para abrir nuestros corazones y permitir que el amor de Dios y nuestra idiosincrásica fuerza vital fluyan con total libertad.

Como somos humanos, a veces necesitamos tomar el «curso bajo» del indignado enfado, el resentimiento y el deseo de venganza antes de tomar el alto camino de la intencionalidad y el perdón auténticos. El hecho de comprender por qué alguien ha actuado de modo malicioso o destructivo puede ayudarnos a perdonar. Pero no siempre es posible entenderlo todo. Para la mayoría de los occidentales, por ejemplo, la motivación de los terroristas suicidas es algo casi imposible de desentrañar. En la medida en la que seamos capaces de separar la acción del sujeto que la realiza y amar a las personas con un amor impersonal —al mismo tiempo que aborrecemos por completo sus acciones—, estaremos avanzando en el camino del perdón.

Cuando el perdón es imposible desde una perspectiva humana, podemos entregar nuestra resistencia a los ángeles y a Dios, pidiéndoles sinceramente que el perdón divino fluya a través de nosotros, puesto que nosotros solos somos incapaces de enviarlo. Permitir que el perdón fluya a través de nosotros en lugar de a partir de nosotros es una buena solución. Lo esencial es tener el deseo de perdonar; el método es algo secundario.

Si el perdón es para ti una asignatura pendiente, te recomiendo que leas libros específicamente dedicados a este tema. *The Forgiving Self* (El yo perdonador), de Robert Karen, es uno de ellos. Además de explorar diferentes modos de cultivar el perdón, el profesor Karen explica cómo las investigaciones están mostrando que perdonar es percibido como algo divino por aquellos que son capaces de hacerlo.

Según expone en su libro, los estudios psicológicos han descubierto que las víctimas de malos tratos o abusos, así como de otros daños emocionales y físicos, cosechan muchos beneficios al perdonar a los causantes de su dolor. Los beneficios no son solo psicológicos, sino que incluyen también la salud física y bendiciones espirituales. Otro de los hallazgos importantes de este análisis indica que, aunque el perdón otorga compensaciones espirituales, no es preciso que el acto de perdonar esté basado en ninguna confesión religiosa en particular.

Al permitir que brille nuestra luz —algo para lo que estamos creados— compartimos lo noble y lo bueno que hay dentro de nosotros, a la par que iluminamos todo y a todos los que nos rodean. Fortalecer el presente, permitiendo que emane de nosotros la luz en todo momento, nos da la oportunidad de convertirnos en Ángeles de Bendición, de modo que el amor y la gracia fluyan a través de nosotros. Al hacer que la nobleza de nuestras almas y deseos brille con fuerza en nuestra vida personal y en la globalidad total del mundo, contribuiremos a aportar esperanza renovada, compasión y aceptación a nuestros corazones, así como a nuestro atribulado planeta. *Si no nosotros, ¿quién?*

Capítulo V

Propagar la esperanza

Nuestros corazones saben
que la esperanza, recobrada, crece
                        aún más dulce
cuando se siembra
             en otros pastos.

                                La autora

En el mundo actual, mucha gente necesita una infusión de esperanza. Por dar un ejemplo, este año, por primera vez, la Universidad Metodista de Dallas recopiló datos en relación con los motivos que llevaban a los estudiantes a buscar asesoramiento personal. El informe indicaba que el 54 por 100 de los estudiantes que requerían estos servicios marcaban la casilla «ansiedad» en los cuestionarios escritos que se realizaron, siendo este el porcentaje más alto entre los veintiséis síntomas registrados. Karen Settle, la directora de los servicios de asesoramiento de la citada Universidad y del estudio en cuestión, explica que el 12 por 100 de los estudiantes tratados por los servicios de salud mental de la institución sufren trastornos provocados por la ansiedad, mientras que la cifra del año anterior era de un 7 por 100. La señora Settle aconseja a quienes se sienten ansiosos —sean viejos o jóvenes— dormir lo suficiente, comer adecuadamente, hacer ejercicio, hacer alguna actividad que resulte relajante y, lo más importante, *conectar con otras personas*. Lo expone así: «El mero hecho de tratar de llegar a alguien y recibir respuesta puede resultar muy provechoso». Desde luego, el mencionado sondeo contempla únicamente a aquellos estudiantes que solicitaron ayuda, pero muchos de nosotros —jóvenes, niños y también adultos— pensamos que deberíamos ser capaces de apañárnoslas nosotros solos con todo lo que se nos viene encima.

Una de las mejores maneras de cultivar la esperanza en el mundo y conservar ese sentimiento en nuestro corazón es hacerla llegar hasta otras personas. A veces, incluso un pequeño gesto produce un refuerzo mayor de lo que podríamos imaginar. Una simple sonrisa, una pregunta sincera sobre el bienestar de otra persona, o un breve correo electrónico amistoso puede constituir un acto de conexión y compasión que aporte esperanza al corazón del que lo recibe. Como nos recuerda cierto poema, no hay hombre ni mujer que sea una isla. Somos seres relacionales, entrelazados juntos como nunca antes, creados para contar los unos con los otros y servirnos de ayuda y solaz. Tratar de manejarlo todo solos conduce al aislamiento y la desesperación. Conectar compasivamente entre nosotros promueve la curación y propaga la esperanza.

> *Nuestros son los brazos con los que*
> *Dios abraza y sostiene a sus criaturas.*

Propagar la esperanza es como si desde la sonrisa del Amado irradiaran rayos de sol que cayeran sobre nosotros y aquellos a quien amamos. Como dice entusiásticamente Aimee Semple McPherson: «¡Oh esperanza! ¡Radiante y deslumbrante esperanza! ¡Qué cambio produces en los desesperados! Iluminas las sendas oscurecidas y animas el camino solitario». Al cultivar la esperanza dentro de nosotros y compartirla con otras personas, alumbramos las sendas oscuras y sembramos los caminos solitarios de amor y posibilidades positivas.

Compartir los frutos

Acuérdate de ser amable contigo y con el prójimo. Y de dar. Dar de todas las maneras posibles, cualquier cosa que poseas. Dar es amar. Retener es marchitarse. Preocúpate menos por la cosecha que por el modo en que es compartida y tu vida tendrá sentido y tu corazón tendrá paz.

KENT NERBURN

Kent Nerburn opina que estamos aquí para compartir nuestra cosecha con los demás, que nuestras vidas tienen sentido y nuestros corazones paz cuando compartimos nuestras dádivas. Al contrario que un almendro, cuyo único fin es producir almendras, los seres humanos podemos elegir las cualidades que deseamos cultivar dentro de nosotros. Podemos plantar amor, compasión, entendimiento, aliento, apoyo e inspiración y poner en común su dulce y nutricia cosecha. Por supuesto, también podemos dejarnos llevar por la inconsciencia y permitir que el moho del cinismo, la mezquindad y el egoísmo corrompan nuestras cosechas internas y externas. Pero, incluso aunque a veces nos pongamos mohosos, siempre podemos elegir volver nuestros rostros hacia el sol y hacer fructificar otro cultivo.

El famoso médico, payaso y activista Patch Adams tuvo numerosos episodios de depresión durante su infancia, que lo llevaron a estar hospitalizado en tres ocasiones. En una reciente conferencia en la Universidad de Colorado explicó que a la edad de dieciocho años decidió «no tener más días malos». Patch, que dedica buena parte de su tiempo a animar a niños enfermos y heridos por todo el mundo y a recaudar fondos para el Instituto Gesundheit, una comunidad médica holística que fundó hace treinta años, continuaba explicándose así: «La vida solo tiene sentido si tú se lo otorgas».

Patch Adams se trasplantó a sí mismo de la enfermedad mental al fértil campo en el que combina la medicina con el oficio de payaso y, como resultado de ello, comparte la curación y la risa con aquellos que más la necesitan. Está, asimismo, en nuestro poder la capacidad de elegir los campos fértiles en los que cultivar, sazonar y compartir nuestra cosecha. A base de compromiso, intención y perseverancia, los campos de la esperanza, la felicidad y el servicio pueden llegar a ser nuestros, y tendremos frutos para dar y tomar al igual que Patch Adams.

La dulzura protectora de la amistad

Somos como las plantas de un semillero —fuertes y vulnerables a la vez—, y debemos tratarnos unos a otros con suavidad si queremos desarrollar todo nuestro potencial. Y aquí es donde intervienen los amigos. Samuel Taylor Coleridge dice: «La amistad es un árbol que nos ampara». O como dice mi hijo Mike: «Estamos aquí para echarnos una mano unos a otros». Es preciso que estemos dispuesto a derramar luz y amor en abundancia sobre nosotros y sobre nuestros amigos mientras observamos con paciencia y entusiasmo cómo van creciendo los frutos de nuestros corazones y almas.

En la actualidad existen sólidas pruebas científicas que demuestran que la amistad puede atemperar el estrés y prolongar la vida. Shelley Taylor, un psicólogo investigador de la Universidad de California, Los Ángeles, opina: «Los vínculos sociales son la medicina más barata que tenemos».

Al darse cuenta de que casi el 90 por 100 de los estudios sobre el estrés se habían realizado sobre varones, el doctor Taylor y su colega Laura Cousin Klein, comenzaron a analizar cómo reaccionaban las mujeres ante el mismo. Mientras que los hombres liberan testosterona cuando están estresados, que a su vez genera la infame respuesta denominada como «lucha o huye», los doctores Klein y Taylor descubrieron que los cuerpos de las mujeres producían una hormona llamada oxitocina, que amortigua el efecto del «lucha o huye» (si os acordáis, en el capítulo 2 añadimos la opción «congelarse» a este habitual binomio) y, no obstante, las anima a ocuparse de los niños y reunirse con otras mujeres. El estudio indica que cuando una mujer que se ve apremiada se implica en actividades de este tipo genera aún más oxitocina que, a su vez, vuelve a actuar sobre el estrés, produciendo un efecto calmante. Esta capacidad para «atender y estrechar lazos» puede explicar por qué las mujeres sobreviven a los hombres de manera regular. Innumerables estudios han probado que los vínculos sociales reducen nuestro riesgo de enfermar al reducir la presión sanguínea, el pulso cardiaco y el índice de colesterol. «No hay duda», dice la doctora Klein, «de que los amigos nos ayudan a vivir más tiempo».

Curiosamente, la liberación de la oxitocina se estimula mediante el tacto tanto en los hombres como en las mujeres. Pero la oxitocina no surte efecto sin los estrógenos. El hecho de que las mujeres tengan por naturaleza más estrógenos que los hombres —a veces una dudosa bendición, desde luego— puede explicar el aumento de la producción de oxitocina en situaciones de estrés. Así que, hombres, ¿el tener menos estrógenos que amplifiquen la producción de oxitocina os constriñe a no tener amigos y vivir menos tiempo? En absoluto. La biología nos *impulsa* a actuar de cierta manera, pero no nos *fuerza* a ello. Ser consciente de la tendencia natural a pelear o retirarse a una cueva apartada (o cubículo) te da el poder de realizar una elección diferente cuando lo desees. Si eres un hombre

—o seas una mujer que ha adoptado la respuesta más masculina de «luchar, huir o congelarse»—, puedes optar por responder de manera diferente a las situaciones tensas y al malestar. Es más saludable. Puedes limpiar el cuarto del recreo (como hacían juntos los doctores Taylor y Klein cuando estaban estresados), darle un abrazo a alguien, compartir risas o una chocolatina, o mostrar tu amistad a alguien de un modo tangible.

Según un artículo de un número del *Reader's Digest* del año 2002 titulado «Los amigos: El secreto de una vida más larga», hay otras muchas y buenas razones para cambiar el aislamiento por la integración y la conexión. La escritora Katherine Griffin afirma que hay más de cien estudios que dan fe de los beneficios que la amistad aporta a la salud. La gente con redes sociales fuertes tiende a:

- Tener mayores posibilidades de sobrevivir a enfermedades que amenacen su vida.
- Poseer sistemas inmunitarios más fuertes y flexibles.
- Mejorar su salud mental.
- Vivir más tiempo que la gente que no cuenta con apoyo social.

Uno de mis estudios favoritos en esta área se realizó en la Universidad de Carnegie Mellon. En él se investigó si la amistad resultaba eficaz para anular gérmenes. Aunque no me imagino participando como voluntaria en esas pruebas, los investigadores consiguieron reunir 276 candidatos, inocularon virus de catarro en sus narices y los tuvieron en cuarentena durante cinco días. Los sujetos cuyas redes sociales eran mínimas cogieron resfriados en una proporción cuatro veces mayor que aquellos que tenían un amplio abanico de amigos y conocidos. Puedo imaginarme a los frustrados gérmenes asignados a las personas con múltiples amistades lamentándose así: «¡Vaya! Este tiene demasiados amigos. No puedo hincarle mis pequeñas garras para contaminar su organismo...».

La amistad no solo nos reporta una mejor salud, sino que además es una de las principales fuentes de vigor, deleite, color y solaz, contribuyendo así a hacer de la vida una aventura excitante en lugar de una prueba de aguante. Con los amigos nos reímos. Lloramos, exploramos y crecemos. Según ella misma admite, mi querida Bonnie no es una «buena amiga» en el sentido habitual de la palabra. No responde a las llamadas telefónicas, pueden pasar semanas hasta que la localizo y a veces se olvida de cumplir sus promesas. ¿Por qué la quiero tanto y valoro nuestra amistad inconmensurablemente? Porque cuando conectamos, ella es como una pastilla de Alka-Seltzer para mi corazón y mi alma. Tenemos la habilidad de hacernos entrar en efervescencia la una a la otra. Además, nos reímos mucho juntas.

La amistad nos cobija en muchos sentidos. Al igual que la suela de un zapato, el aliento de la amistad mitiga el dolor de caminar a través de tiempos pedregosos. El espíritu de la amistad es el helio del alma: hace posible que volemos alto y digamos tonterías cuando nuestro ánimo está tocado. La amistad es la sal y la pimienta; realza el sabor de cualquier cosa, añade picante a lo mundano y aporta dulce consuelo a nuestras horas más oscuras y plomizas.

> *Un verdadero amigo saca lo mejor*
> *de nosotros a la vez que conoce lo peor.*

A pesar de tener un acceso privilegiado a nuestros más oscuros miedos y fragilidades, un amigo verdadero actúa como si fuera un confesionario en el que purgamos nuestras culpas y un horno en el que se forja nuestra fuerza. Sin embargo, la amistad amorosa que nos sustenta no crece si está desatendida. En tanto que nuestras agendas están cada vez más llenas, es esencial que recordemos la importancia de la amistad y nos concedamos el don vital de sacar tiempo para compartir los frutos de la amistad. Es preciso cuidar tiernamente, cultivar y volver a sembrar las semillas del amor en una amistad profunda y duradera.

Reflejar lo bueno, lo fuerte y lo bello que hay en nosotros

Un día, hace no mucho tiempo, me sentía francamente decaída y llamé a una amiga querida que siempre me brinda su aceptación y su apoyo. Sin ningún tipo de preámbulo, le dije: «Hola, soy yo, Mugsie, me siento como un montón de mierda hoy». Sin perder un instante, ella me contestó: «Eres el montón de mierda más hermoso y entrañable que conozco». Por supuesto, su respuesta me hizo reír, lo que supone un estupendo primer paso de vuelta al territorio del amor propio y la aceptación. Amigos como Mugs aman la persona que eras, la que estás camino de convertirte y la que eres en esos instantes por muy descentrada que estés. Amigos así te proporcionan un cabo salvavidas cuando es necesario y hacen más profundas nuestras arrugas de la risa con cierta regularidad.

Otra de mis amigas se hallaba en medio de una crisis (de la que ella no era responsable) que provocó la pérdida de todo lo que suponía seguridad y sentido para toda su familia. Los trabajos, la casa, los amigos, la residencia en su casa del campo: todo les fue arrebatado. Tras emerger del tumulto, más fuerte pero con una vida completamente nueva que no la satisfacía tanto como la anterior, Gretchen me dijo: «Ha habido quienes han mantenido la esperanza por mí cuando yo no podía. Aquellos que veían más allá de las circunstancias del momento, y a la persona capaz que yo había sido antes, me devolvieron el reflejo de mi bondad y mi competencia. Actuaron como Cuidadores de la Planta del Alma».

Edith Wharton dijo: «Hay dos maneras de propagar la luz: ser la vela o el espejo que la refleja». Mantener la fe en un amigo y alentar su esperanza —así como pedir el mismo tipo de ayuda cuando se precise— nos anima a todos a regresar a la esperanza, la fe y el amor. Y a ser capaces de aceptar las cualidades positivas y amables que nos son propias, a la par que actuamos en consecuencia.

Sanar a través de la presencia

De hecho, uno de los mayores regalos que podemos hacer es estar presentes, abiertos y aceptando. Hay que empezar por tener la habilidad de estar profundamente presentes frente a nosotros mismos. Si reconocemos y honramos nuestros mejores atributos y no nos abandonamos durante los esporádicos descensos al desaliento, seguramente podremos sentirnos cómodos al estar presentes para los demás incluso en sus horas más oscuras. Barbara Kingsolver dice: «El amigo que sostiene tu mano y dice la frase equivocada está hecho de mejor pasta que el que se mantiene apartado». Estoy de acuerdo y creo que explica muy bien el efecto curativo de la presencia.

En mi trabajo como asesora en asuntos personales, he advertido que todos mis clientes parecen pedir tres cosas en sus relaciones: «Que los vean, que los oigan y que los sostengan». ¿Quién de nosotros siente que lo ven con claridad y compasión, que lo escuchan con paciencia y con la sincera intención de comprenderlo o que lo sostienen emocional y físicamente, tanto como le gustaría? Y ¿vemos, oímos y sostenemos a los demás tanto como lo desean y necesitan? Dudo que la mayoría de nosotros estemos completamente saciados con relación a estos tres aspectos vitales. De hecho, creo que nuestra sociedad en su conjunto padece lo que yo llamaría trastorno de la conciencia, la atención y el afecto.

PRÁCTICA PARA ESTAR PRESENTE

El siguiente método de aproximación a la Presencia en tres pasos puede ayudarnos a sentirnos más cómodos al estar compasiva y completamente presentes para nosotros mismos y para otras personas.

1. Limítate a estar. En sus fábulas, Esopo nos anima a dar ayuda y no consejo durante las crisis. Aunque puede sonar demasiado simple para ser cierto, la mejor asistencia que podemos prestar es nuestra presencia, nuestro corazón abierto que entiende y acepta. El simple hecho de permanecer junto a alguien.

A través de mi experiencia en el hospicio y con los pacientes que he conocido allí he aprendido mucho acerca del arte de estar presente. Con frecuencia no tenía que hacer nada. El mero acto de sentarme a acompañar a alguien que se estaba muriendo le proporcionaba suficiente consuelo. Recuerdo que le pregunté a Derrick, un enfermo de sida, qué es lo que quería que hiciera por él. Y me respondió: «Por favor, tráeme un vaso de agua fresca y luego solo siéntate conmigo. Sin hablar...». Llevarle el agua fue fácil. Sentarme en silencio se me fue haciendo más fácil cuando recordé un valioso consejo que había leído. Su autor, que era también un trabajador de un hospicio, decía que resultaba muy relajante, tanto para él como para sus pacientes, el hecho de acoplar su ritmo respiratorio al de su compañero mientras permanecía sentado junto a él. Respirar en armonía con alguien nos ayuda a calmarnos y a sincronizar nuestro ritmo con el suyo. En ocasiones, respirar juntos puede crear un maravilloso sentimiento de unión.

2. Practica el silencio atento. El silencio compasivo, abierto que acepta forma parte del perdido arte del amor. El silencio es un amigo del sufrimiento, porque no pide nada mientras que ofrece la bendición de su presencia.

Tal y como explica Henry David Thoreau: «El silencio es el refugio universal... nuestro cobijo inviolable, donde no nos puede asaltar ninguna indignidad».

Escuchar en atento silencio es una de las gracias sanadoras que posee la amistad y cualquier tipo de servicio humanitario. A través de la escucha profunda le hacemos saber al otro que queremos comprender lo que está sintiendo, lo que quiere y lo que es importante para él. El entendimiento y la empatía surgen de manera natural tras escuchar el corazón de otra persona. En inglés, las palabras silencioso (silent) y escuchar (listen) contienen exactamente las misma letras. Puede que los creadores de esta lengua hayan tratado de subrayar la importancia de cerrar nuestras bocas y abrir nuestras orejas.

Por otro lado, a veces unos suaves murmullos maternales pueden ser la llave que abra las compuertas de la depuración. Me hallaba yo abrazando a mi camarada, Sara, que trataba estoicamente de evitar el llanto a pesar de que se acababa de enterar que su mejor amiga había muerto en un accidente. La mecí un poco y musité los mismos arrullos que hubiera utilizado con un niño herido o asustado. Las curativas lágrimas no tardaron en acudir. (¡Las lágrimas son realmente curativas! Recientes investigaciones han demostrado que las lágrimas de gozo y espanto no contienen toxinas, mientras que las de aflicción, dolor, frustración y depresión están atiborradas de venenos.)

3. Sé un colador de sentimientos. A veces, lo mejor que podemos hacer por otra persona es convertirnos en su colador de sentimientos. ¿Qué quiero decir con esto? Todos conocemos la importancia de sacar la basura y los efectos que inevitablemente se producen si la dejamos amontonarse en el interior de la casa. Lo mismo ocurre con muchos sentimientos. Si no los sacamos de nuestros cuerpos y mentes, acabarán produciendo una

enorme peste. Con frecuencia, el mejor modo de liberar sentimientos en posible estado de putrefacción es expresárselos a alguien que sepamos que puede oírlos pero que no se los va a quedar. Los sentimientos son pasajeros y pueden cambiar continuamente. Debido a su naturaleza transitoria, debemos confiarlos a gente a la que no se le vayan a quedar incrustados, sino que, en lugar de ello, tenga la capacidad de recibirlos en un compasivo colador.

Hace poco, recibí un correo electrónico particularmente largo de una vieja amiga que comenzaba de la siguiente manera: «Necesitaba librarme de todo esto y sabía que tú podías escucharlo y dejarlo marchar. Así que ahí va...». Y entonces vertió su rabia, su desesperanza y sus sentimientos de desecho en el ordenador. Yo los leí, le escribí una breve y piadosa réplica y borré rápidamente el mensaje. En otras palabras, hice de colador para Patti.

Algunos sentimientos, como los de Patti, son más fáciles de colar que otros. Si estamos atrapados en medio de una disputa familiar, por ejemplo, puede que sea prácticamente imposible cribar los sentimientos que se producen. Esta técnica solo es curativa cuando podemos hacerla de todo corazón, sin dañarnos ni sobrecargarnos al practicarla. Por lo tanto, es esencial que seamos sinceros con nosotros mismos como «receptores» y también con los que «nos vierten» acerca de si nos sentimos capaces de liberarnos con facilidad de sus sentimientos y no contaminarnos en el proceso. Hacer de colador es bueno, estancar no.

Tanto otorgar como recibir el curativo don de la Presencia es un bálsamo sin parangón. Al ver y ser vistos, al oír y ser oídos, al sostener y ser sostenidos en el abrazo de la aceptación amorosa animamos a florecer en nuestros corazones, almas y cuerpos a las semillas de la esperanza y la sanación.

Dios los cría

En la *Ilíada,* Homero nos dice: «Dios siempre empareja lo semejante con lo semejante». Encontrar una comunidad de personas en la que sentirnos arropados nos proporciona unos cimientos sólidos y fiables desde los que volar a reinos cada vez más altos dentro de nosotros mismos. Del mismo modo que a quienes aprenden a jugar al tenis se les anima a practicar con parejas y adversarios que tengan más experiencia que ellos, yo propongo que elijamos espíritus afines que nos inspiren nuevas ideas y nos reten a abrirnos a nuevas dimensiones de nuestro ser. Y nosotros podemos devolverles el favor. Al ensancharnos y crecer, la esperanza crece en nuestro interior.

Mientras que algunos de nosotros prosperamos al hallarnos en territorio extraño y hacemos excursiones a lo desconocido para crecer y cambiar, para otros es más fácil cultivar la esperanza y encontrar el valor de vivir genuinamente en la seguridad de hallarse entre personas cuyos corazones y mentes son similares a los suyos. Sea cual sea nuestra tendencia, lo importante es que podamos compartir lo que realmente somos, lo que hemos experimentado y el modo en el que gestionamos y celebramos nuestras vidas.

Con apoyo, volamos. Aislados, nos marchitamos y morimos. Como nos dice el poema Desiderata: «Sé tú mismo. Sobre todo no finjas afecto. Ni seas cínico con el amor; porque en medio de toda la aridez y todo el desencanto es tan perenne como la hierba». Reúnete con individuos y grupos con los que puedas ser tú mismo. Escúchalos cuando te animan a amarte como eres y a crecer más allá de las limitaciones actuales a la luz de tu verdadero Yo. Busca a aquellos por quienes tú puedas hacer lo mismo.

Ve allá donde se alimente la esperanza. *Sé* alguien conscientemente esperanzado. *Comparte* tu esperanza con otras personas.

Ampliar el círculo

Casi todo lo que haces parece insignificante. Es muy importante que lo hagas. Tú debes ser el cambio que ansias ver en el mundo.

MAHATMA GANDHI

Un día, mientras conducía, iba pensando en la idea de unicidad de Gandhi —que para mí es un concepto bastante profundo—, me imaginé a la familia humana como si fuera una red de pesca de las antiguas. Se me ocurrió que nuestros esfuerzos individuales podían compararse con los nudos que traban las cuerdas haciendo que compongan un todo operativo. Si no amarramos los nudos que se nos presentan, por minúsculos que nos parezcan, faltará alguno de los nexos y se creará un agujero en la trama. Si cada uno de nosotros realiza su misión como portador de la luz y atador de nudos, la red en su totalidad se fortalecerá y se volverá capaz de abarcar un círculo más amplio y de capturar una recolecta más abundante.

Hay una historia maravillosa de la tradición sufí que destaca nuestra responsabilidad individual a la hora de personificar el cambio que esperamos en nuestros mundos personales así como en el contexto global. Una santa mujer se hallaba sentada fuera del templo mirando pasar una marea humana. Para ella, era como un río de necesidad irremediable. Entre los que pasaban los había mutilados y heridos, borrachos y miserables, solitarios y vagabundos. En sus oraciones, ella le increpó así a Dios: «¿Cómo puede un amante creador ver semejante sufrimiento y no hacer nada para repararlo?». Y Dios le respondió: «Sí que he hecho algo. Te he hecho a ti».

A medida que los hacedores de Dios se encarnan, podremos dilatar el círculo humanitario, cultivando la esperanza y la paz dentro de nuestros corazones y, a través de nuestras actitudes y acciones, permitir que sirva de inspiración para la paz y la esperanza a lo largo y ancho del mundo. Nosotros también podemos ser portadores de la luz con relación a la fe, la esperanza y el amor. No durante todo el tiempo, desde luego, pero sí el suficiente como para que se note una gran diferencia.

Dar es beneficioso para todos

Aubrey Verboven, un voluntario de Médicos sin Fronteras, decía en unas recientes declaraciones publicadas en una revista: «Cuando regresamos en coche de los hospitales, los niños saltan a nuestro alrededor y nos saludan. Durante un fugaz instante me olvido de la guerra y sé que todavía hay esperanza». Para estos médicos, enfermeras y otros voluntarios, dar en medio de penurias extremas y bajo circunstancias espantosas les sirve para llenar sus corazones de amor y esperanza. Sin duda alguna, aportan además una ayuda muy necesaria a quienes requieren servicios sanitarios. Estas admirables acciones son buenas tanto para el que da como para el que recibe.

Aunque puede ser cierto que las personas que necesitan a otras personas pueden ser afortunadas, se han hallado nuevas pruebas de que la gente más afortunada es de hecho aquella a la que la gente necesitada necesita. El Instituto de Investigaciones Sociales de la Universidad de Michigan realizó un estudio de cinco años sobre 423 parejas de más de sesenta y cinco años. Las indagaciones pusieron de manifiesto que aquellos que se ocupaban de alguien más —bien proporcionando apoyo emocional a un cónyuge o ayuda tangible a una persona de otro hogar— tenían la mitad de probabilidades de fallecer que aquellos que no lo hacían. Curiosamente, se descubrió también que los receptores de la ayuda no veían modificadas sus posibilidades de supervivencia por este hecho. Sin embargo, si la gente necesitada recibe lo que necesita, me parece lógico que salgan ganando, por lo cual se trata de una situación en la que todo el mundo sale beneficiado.

Incluso si nunca vas a un país del Tercer Mundo ni te encargas de cuidar a ningún ser querido, puedes ser de utilidad allí donde estés, incluso sentado cómodamente en tu sofá. Una manera de conseguirlo es donando dinero a las innumerables organizaciones y causas que requieren nuestra ayuda y encuentran eco en nuestros corazones. Otra es por medio de la oración. Rezar es un don que aporta una doble bendición, porque no se puede rezar por otra persona sin sentir el efecto vigorizante de la plegaria sobre tu corazón, tu mente y tu vida. Envolver a otras personas en el círculo de nuestro abrazo, sosteniéndolos mediante nuestra compasión, escuchándolos y tratando de comprenderlos son servicios de un valor impagable.

La forma que tome nuestra asistencia es lo de menos. Lo que es esencial y provechoso es que hagamos lo que podamos, allá donde podamos y cuando podamos. Durante la Segunda Guerra Mundial, una chica holandesa, Corrie ten Boom, y sus padres fueron hechos prisioneros por ayudar a ciudadanos judíos a escapar de los nazis. A pesar de que Corrie sufrió grandes calamidades por ser de utilidad, tiene una filosofía lúdicamente profunda en relación con la asistencia al prójimo. Estas son sus palabras: «Si no eres feliz con lo que te ha tocado en la vida, constrúyete una estación de servicio».

Inspirar a través de la actitud y la acción

Al preguntarle cuál era su religión, Su Santidad el Dalái Lama respondió: «Mi religión es la bondad». Con la bondad como *modus operandi,* la vida del Dalái Lama sirve de inspiración a todas las personas que conoce. Yo lo he visto en persona y puedo decir que irradia felicidad y humor por los cuatro costados. Obviamente, su compromiso profundo con la amabilidad ha sido beneficioso para él así como para los que le oyen hablar y leen sus libros. Pero alguno puede estar pensando que el Dalái Lama es un hombre santo, una alma muy evolucionada. ¿Qué pasa con la gente cruel y los chicos irrespetuosos? Sí, hay gente de todas las edades que proyecta oscuras sombras sobre el mundo, y hay muchos más que portan y propagan la luz, entre ellos numerosos jóvenes.

Hallé un ejemplo muy esperanzador a este respecto al leer un artículo de un alumno de los cursos superiores de secundaria cuya vida se ha visto dramáticamente complicada por los persistentes síntomas del Trastorno Obsesivo Compulsivo, un desequilibrio de la química cerebral difícil de tratar y aún más difícil de sobrellevar. No obstante, Andy, un joven reflexivo y afectuoso, escribió lo siguiente:

> Salvar el mundo mediante la bondad
>
> Dar es mucho mejor que recibir. Cualquiera puede quedarse sentando mientras le dan cosas, pero solo una persona de buen corazón dedica su tiempo a dar a los demás. No hay ninguna razón para que cualquiera no destine parte de su tiempo para hacer que el día de otra persona sea algo mejor. La gente mezquina y egoísta no ayuda mucho a construir una sociedad más amable. Así que si eres de esos, haz lo que es correcto y cambia. Las relaciones y la generosidad deberían ocupar el primer lugar en nuestra lista de prioridades. Aprende a ser desprendido.
>
> Preocúpate más por lo que eres que por lo que posees.

Incluso en medio de la incertidumbre y la ansiedad extremas, Andy ha elegido la bondad como estrategia vital. Los compañeros de Andy le han correspondido apreciando sus escritos y eligiéndole para la Corte Real de Estudiantes de ese año.

El asunto es que, sea cual sea nuestra situación, siempre tenemos el poder de elegir propagar los frutos del amor, la esperanza y la amabilidad. Podemos vivir el amor —o cualquier otra cualidad— pasito a paso. En el año 1950 un activista del pacifismo llamado A. J. Muste se plantaba en las esquinas de las calles con pancartas y predicaba en contra de la guerra y las armas. Cuando un periodista le preguntó porqué lo hacía si nadie le prestaba ninguna atención, Muste respondió: «No estoy haciendo esto para cambiar el mundo; lo hago para evitar que el mundo me cambie a mí».

Tómate un instante para preguntarte si la negatividad del mundo te esta apartando de tu centro o de la integridad del Yo de tu Alma. Si es así, ¿qué pensamientos y actitudes es preciso transformar para que actúes desde la bondad y amabilidad de tu auténtico Yo?

El médico y payaso Patch Adams les hace dos preguntas a sus nuevos pacientes en la entrevista de cuatro horas previa a su admisión: «¿Qué es lo que quieres? y ¿Qué estás haciendo para conseguirlo?

¿Qué quieres tú? ¿Qué podrías hacer para aumentar la cantidad de esperanza, salud y felicidad en ti mismo y en el mundo? Sea lo que sea lo que quieras hacer, creo sinceramente que puedes lograrlo. ¡A por ello!

Convertirse en emisario o en Eeyore

Podemos danzar por los jardines de la vida esparciendo semillas que puedan convertirse en hermosas flores de amor o podemos sentarnos entre los brotes plantados por otros y decir, con un suspiro, al advertir la pérdida de nuestra cola: «¡De todos modos, era una porquería de cola!», como sabemos que hizo el amigo de Winnie the Pooh, Eeyore. Por supuesto, es perfectamente comprensible tener de cuando en cuando un día Eeyore, en el que nuestras colas emocionales se encuentran escondidas entre las piernas, si es que no las hemos perdido del todo. Sin embargo, vivir habitualmente en el País de Eeyore es perjudicial para la paz mental y agota rápidamente las reservas de esperanza.

A decir verdad, nunca paro de asombrarme del modo en que la mayoría de la gente se adapta creativamente y abraza las vicisitudes de la vida. Lily, cuyo marido se está desvaneciendo a causa de una enfermedad sin diagnosticar, me sonreía a través de las lágrimas mientras nos decía a Gene y a mí: «No espero que viva todo este año, pero estamos muy agradecidos por el tiempo que hemos tenido para estar juntos. Hacemos que cada minuto cuente. Él es mi Ángel en la Tierra y yo estoy tremendamente agradecida por haber podido compartir mi vida con él durante unos pocos años».

A través de su aceptación por lo que es y su gratitud por lo que ha sido y será durante algún tiempo más, Lily es una emisaria cotidiana de esperanza, aceptación y pensamiento optimista. La doctora Rachel Naomi Remen, autora de *Kitchen Table Wisdom* (Sabiduría de la mesa de la cocina), señala nuestra capacidad para ser presencias curativas para el prójimo: «Nos sanamos unos a otros todo el tiempo y ni siquiera nos damos cuenta de que lo hacemos. Todos estamos heridos. Las personas que han vivido la vida con cierta profundidad o que han asumido riesgos necesarios han experimentado la pérdida y el desengaño. La experiencia de haber sido heridos y lo que le ocurre a uno al responder ante la herida nos dan la sabiduría para curarnos unos a otros».

Tanto si se dan cuenta de ello como si no, las personas como Lily, que cosechan sabiduría y compasión a partir del dolor se convierten en inspiración para los demás. Al desear ser útiles, cultivar la esperanza en nuestros corazones y compartir los frutos de la amistad, también nosotros podemos expandir la hermandad de aquellos para quienes la esperanza, la curación y la felicidad son una realidad. Como emisarios de la esperanza, podemos elegir propagar el amor e infundir optimismo. Pensamiento a pensamiento, frase a frase, sonrisa a sonrisa, relación a relación. Detrás de un acto, otro.

>Que la paz viva en tu corazón.
>Que la esperanza eleve tu espíritu.
>Que el amor sea la luz que te guíe.

Capítulo VI

Regar las semillas de la esperanza

Solo al ser alimentada
 por las vivificantes aguas
  del cuidado consciente y
la atención compasiva
 permanecerá viva en nuestros corazones
  la esperanza.

La autora

Este último capítulo esta compuesto de citas, poemas, proverbios y aforismos que pueden ayudarnos a nutrir, cultivar y hacer crecer la esperanza hasta que se extienda por todo el planeta. Sus creadores —gente sabia, bondadosa y espiritual— están forjando una senda hacia la conciencia que nosotros podemos seguir. Son nuestros ángeles de la inspiración, pellizcan nuestras mentes con nuevas ideas, infunden esperanza en nuestros corazones y animan a nuestras almas a cantar sus singulares canciones. Después de la citas hay actividades, ideas o meditaciones sencillas, cuyo fin es regar las semillas de la esperanza dentro de tu corazón, tu mente y tu alma. Deja que tu intuición y tu sabiduría te conduzcan a los pensamientos y actividades que resuenen en el interior de tu corazón. Y, sobre todo, disfrútalo.

Pensamientos sobre el amor y la inspiración

Bien puede considerarse a un amigo como la obra maestra de la Naturaleza.

RALPH WALDO EMERSON

*Aquellos amigos que tengas, de probado afecto,
amárralos a tu alma con argollas de acero.*

WILLIAM SHAKESPEARE

Cultivar. Sal fuera de ti. Llama, escribe, visita o manda un correo electrónico a uno o varios amigos y diles las bendiciones y el gozo que aportan a tu vida. Dales un abrazo escrito, físico o verbal.

Trata a la gente como si fueran lo que deberían ser y los ayudarás a convertirse en lo que son capaces de ser.

JOHANN WOLFGANG VON GOETHE

Cultivar. Contémplate a ti mismo, a algún miembro de tu familia o a un amigo como si estuvieras mirando a través de los ojos de Dios. Percíbelos —y también a ti— como perfectos, completos y sabios. Elige una cualidad positiva que esté activa en sus vidas y devuélvesela reflejada a través de la apreciación y la afirmación. Acuérdate de hacer lo mismo por ti...

Retoño de mi corazón, nuestro linaje es el espíritu.

ANNABELLE K. WOODARD

Cultivar. Haz una lista escrita o mental de los miembros de tu «familia de elección» hacia quienes sientas agradecimiento. Compra o confecciona una tarjeta para tu «madre, hermana, hermano, padre...» y hazles saber lo agradecida que estás de formar parte de su familia espiritual.

También es divertido realizar un ritual de adopción o compromiso para expresar nuestra «elección» de un amigo de corazón afín. Yo tengo dos hermanas de elección con las que he celebrado una ceremonia de ese tipo. Para nosotras supuso una gran diferencia.

Las palabras que salen de la boca deberían tener tres porteros:

- ¿Es cierto?
- ¿Es amable?
- ¿Es necesario?

Proverbio árabe

Cultivar. Hoy, hablad desde el corazón del amor; decid solamente aquello que sea amable, cierto y apropiado.

El alma se despierta a través del servicio.

Erica Jong

Cultivar. Realiza al menos dos pequeños actos de servicio para dos personas distintas esta semana. Puede ser algo tan sencillo como lanzar el periódico de tu vecino más cerca de su puerta.

Puede que las palabras amables sean cortas y fáciles de pronunciar,
pero sus ecos son ciertamente interminables.

MADRE TERESA

Cultivar. Si recuerdas palabras amables que hayan resonado por los pasillos de tu vida, dale las gracias a la persona que las dijo. Si está muerta o no puedes comunicarte con ella, haz una pequeña plegaria de agradecimiento y pídele a sus ángeles que le lleven en sus alas la energía de tu gratitud allá donde se encuentre.

Dile unas palabras amables a alguien con quien te cruces en el camino esta semana.

∽

Da igual cuál sea la pregunta, la respuesta es el amor.

LA AUTORA

Contemplar. Permanece sentado unos instantes concentrándote en tu respiración. Observa tiernamente cómo el aliento dador de vida entra y sale de cuerpo. Permite que una pregunta que te preocupa llegue hasta tu conciencia. Si abordaras esa pregunta únicamente desde una perspectiva amorosa, ¿cómo afectaría esto a la respuesta o a la propia pregunta?

∽

¡Oh Padre celestial!, bendice y protege a todas las criaturas que tienen aliento; guárdalas de todo mal y permíteles dormir en paz.

ALBERT SCHWEITZER

Cultivar. Di esta oración por todos los seres que respiran antes de dormir y piensa en tres personas cuyos nombres puedas insertar. Repite la plegaria todos los días por cada uno de ellos durante una semana. El rezo intercesor es un amoroso don que todos nosotros podemos dar.

Conservo mis ideales porque, a pesar de todo, sigo creyendo que la gente es de verdad buena en el fondo de sus corazones.

ANA FRANK

Contemplar. Piensa en Ana Frank y otros ángeles de la inspiración que hayan mantenido una actitud positiva en medio de la tragedia y el tumulto. Ofréceles una pequeña oración en agradecimiento por la luz que trajeron, o traen, a nuestro mundo.

Una idea, en el sentido más elevado de la palabra, no puede ser transmitida sino mediante un símbolo.

SAMUEL TAYLOR COLERIDGE

Cultivar. Crea un especio sagrado en tu casa u oficina; un altar, una bandeja de arena o una estantería pueden servir. Coloca allí objetos que simbolicen para ti el alma y la espiritualidad en el espacio. El simbolismo rasguea las cuerdas de nuestro corazón y nos ayuda a recordar nuestro verdadero Yo.

Cuando pienso en la luz de Dios, me imagino el acogedor brillo de un farol. Aunque su fulgor solo ilumina el área que está inmediatamente a su alrededor, sé que mientras lleve conmigo un farol, seguirá alumbrando mi camino.

FOLLETO DE UNITY LENTEN (CUARESMA EN UNIDAD), 2003

Contemplar. A veces mantengo encendida una larga vela votiva. Me recuerda que rece por la gente cuyos nombres se hallan en la caja de oración que hay a su lado. La parpadeante llama también actúa como faro de esperanza y promesa si me despierto en medio de la noche con el corazón envuelto en la oscuridad de la confusión y la tristeza.

∽

Todos hemos nacido para ser una bendición.

RACHEL NAOMI REMEN

Contemplar. Sin falsa modestia, piensa en la manera en que otras personas pueden verte como una bendición. Permítete a ti mismo honrar y apreciar los modos en los que enalteces a los demás y, en consecuencia, les animas a tener esperanza.

∽

Lo invoquemos o no, Dios está presente.

CARL G. JUNG

Contemplar. Buscar a Dios en el centro de una flor, las patillas de un gato, la sonrisa de un niño, el dolor de una pérdida, la belleza de una puesta de sol o las heroicidades de un equipo de búsqueda y rescate.

Pensamientos acerca del cuidado de uno mismo y la creatividad

El amor a uno mismo no solo es necesario y bueno, es el prerrequisito para amar al prójimo.

Rollo May

Cultivar. Permanece sentado en silencio durante unos instantes con los ojos cerrados y concéntrate sin esfuerzo en la respiración. Pregúntate mentalmente qué es lo que podrías hacer por ti mismo, hoy, que fuera un acto amoroso y de apoyo. Escucha atentamente y da por lo menos un pequeño paso para cumplir la petición de tu Yo interior.

∾

No es posible que la mente humana albergue a la vez un pensamiento positivo y otro negativo.

Lily Tomlin

Cultivar. Hoy, cuando adviertas que los pensamientos negativos, como si fueran malas hierbas, empiezan a desplazar de tu mente a los positivos, reemplázalos por otros esperanzados, a modo de flores.

∾

La vida es un paraíso para quienes aman muchas cosas con pasión.

Leo Buscaglia

Cultivar. Elige algo que ames con pasión indulgencia y entrégate a ellos durante diez minutos hoy o mañana.

∾

Rema, rema, rema mansamente en tu barca río abajo…

CANCIÓN INFANTIL

Contemplar. Plantéate una manera en la que vas a dejar de luchar a contracorriente y, en lugar de ello, vas a flotar suavemente río abajo dejándote llevar. Tal vez renuncies a una lucha de poder con el jefe, un empleado o un niño. Puede que aceptes las condiciones climáticas que alteren tus planes y te manifiestes en ellas. O acaso dejes de trabajar y te sientes tan pronto como te notes cansado en lugar de forzarte a seguir adelante cuando te pesen los párpados y tu cuerpo anhele descansar.

En tiempos de oscuridad
y desaliento
la esperanza aparta a la duda
de un codazo
y, a modo de delicada brisa,
aviva las ascuas
de mi corazón.

LA AUTORA

Cultivar. Siéntate al calor del sol —o en resplandor de una lámpara o vela— y coloca las manos sobre tu corazón. Invita a cualquier miedo que anide allí a manifestarse ante ti, sin temor por hacerse visible. Permite que una imagen de ese miedo aflore en el ojo de tu mente. Imagínate que sopla una suave brisa que se lleva la capa de nubes y siente la luz del sol caldeando y aplacando el miedo. Aumenta el calor y el brillo de la luz e invita al miedo a usar esa luz para transformarse en la energía adecuada y perfecta. Date las gracias por realizar este ejercicio, independientemente del cariz que haya tomado.

Si solo hubiera gozo en el mundo, nunca aprenderíamos a ser valerosos y pacientes.

Helen Keller

Contemplar. Piensa en alguna pena que te haya proporcionado valor y paciencia y da las gracias por ella y por el crecimiento que ha traído consigo.

∽

La esperanza comienza en la oscuridad, la obstinada esperanza de que si te asomas y tratas de hacer lo correcto, llegará el amanecer. Esperas, observas y trabajas: no te rindes.

Anne Lamott

Cultivar. Concédete a ti mismo el reconocimiento y la loa que mereces por los tiempos de oscuridad que has soportado, los amaneceres que has aguardado y el valor al que apelaste para no rendirte. Con la sabiduría y la compasión que nacen de la experiencia, estate presente para alguien que esté actualmente esperando que llegue su amanecer.

∽

Recurrir a nuestra creatividad es invitar a la energía del Creador y la Creadora a fluir a través de nosotros.

La autora

Cultivar. Pregúntate a ti mismo: ¿Qué es lo que me gusta crear? ¿Jardines, galletas, obras de arte, pasteles de cumpleaños, labores de costura, una hoja de cálculo ordenada, una acogedora bienvenida a casa? Una amiga mía, cuando habla de ordenar la vivienda, podar las plantas, organizar la estantería de las especias, arreglar las flores, y embellecer su hogar, se refiere a ello como «hacerle el amor a mi casa». Dedica hoy algunos minutos a hacerte el amor siendo creativa.

⌒

Yo no lo escribí. Lo escribió Dios.
Yo simplemente le tomé el dictado.

HARRIET BEECHER STOWE (Refiriéndose a *La cabaña del tío Tom*)

Cultivar. Encuentra un rato en el que nadie te vaya a molestar. Con un bolígrafo y un cuaderno a mano, acalla tu mente y tu corazón cerrando los ojos y respirando lenta y rítmicamente. Sin esfuerzo, permite que tu aliento se haga más profundo y que tu cuerpo se relaje. Sin enjuiciamientos, permite que tu mente vague y anota sus correrías. No hay una manera correcta o incorrecta de hacer este ejercicio. Se trata simplemente de abrir una rendija para dejar que entre el flujo de la energía creativa. Cuando empezamos a dejarnos llevar al escribir, la mayor parte de lo que anotamos es un galimatías. No pasa nada. Puede ser incluso divertido. El truco está en seguir invitando a tu Musa a expresarse.

⌒

Cuando muere el poeta que hay en cada uno de nosotros, Dios se asfixia.

W. PAUL JONES

Cultivar. Mientras que el ejercicio de escritura anterior era muy libre, este tiene su estructura. Trata de escribir un poema haiku. Un haiku tiene tres versos. El primero de ellos tiene cinco sílabas, el segundo siete y el tercero cinco. El tema de un haiku, por lo general, hace alguna alusión a la naturaleza. Yo escribí el siguiente haiku sobre las diferencias entre los miembros de nuestra familia en cuanto a la religión y la espiritualidad.

> *Juntos los lobos*
> *aúllan a la luz*
> *del clan los sones.*

Inténtalo. Es divertido y hace fluir los jugos creativos.

∽

Esto es lo que quiero a partir de ahora: un tempo más lento, una existencia más centrada y encontrar sentimientos de perfecta felicidad cuando regreso al hogar, a mí mismo.

LINDA WELTNER

Cultívate. Pregúntate a ti misma:

1. ¿Qué es el hogar para ti? ¿Dónde está? Tanto el hogar interior como el exterior.
2. ¿Con qué frecuencia vuelvo a casa, a mí mismo?
3. ¿Qué pequeño paso puedo dar hoy para asegurarme de que regreso a casa y a mí mismo con la frecuencia que es óptima para mi paz mental y mi esperanza?

∽

El silencio deja que hable al que está detrás de tus ojos.

RUMI

Contemplar. Comprométete a salir de la corriente de las prisas de tu vida durante 10 minutos cada día para escuchar silenciosamente al que vive detrás de tus ojos: la callada y diminuta voz de tu Yo más elevado.

Pensamientos sobre la entrega y la confianza

La caída en el Agujero del Futuro agota la esperanza de nuestros corazones en el parpadeo de un miedo.

LA AUTORA

Si quieres la paz mental, dimite como director general del universo.

LARRY EISENBERG

Cultivar. Escribe en un pedazo de papel algún miedo que albergues en relación al futuro, quémalo y esparce las cenizas al viento o entiérralas en una maceta. Pídeles a tus Ángeles Guardianes y Guía que se hagan cargo de esa preocupación concreta.

∽

¿Cómo nos afligimos? Torpemente. De manera imperfecta. Por lo general, oponiendo una gran resistencia. Finalmente, rindiéndonos al dolor.

AUTOR DESCONOCIDO

Contemplar. Si en estos momentos experimentas un río de pesar, a través de la visualización, la escritura o la conversación con un amigo o terapeuta, explora la metáfora del río. ¿Cuán profunda, cuán ancha, cuán turbulenta, cuán fuerte es la corriente de ese río? Pídele a tu Conciencia Superior, sabia ella, que te muestre la barca perfecta y adecuada para tu viaje. Una bella embarcación: segura, robusta, capaz de enderezarse frente a todo tipo de mareas y resacas. Imagínate los compañeros —tanto internos como externos— que desearías que viajaran contigo.

Cultivar. En los tiempos en los que parezca casi imposible mantenerse a flote, acuérdate de tu bella y segura embarcación y de los seres que están viajando contigo. Pídeles, consuelo, reafirmación, fortaleza y cualquier otra cosa que necesites. Entrégate a sus cuidados y descansa en su abrazo.

∽

La aflicción es un proceso. Si se le permite, la sanación tiene lugar de modo natural.

HOSPICIO DEL CONDADO DE NEVADA

Contemplar. Huimos del duelo porque tememos que nos consuma si abrimos la puerta a nuestros verdaderos sentimientos. Pero ocurre lo contrario. Cuando es negado, el dolor puede congelarnos y convertirnos en un iceberg andante para protegernos de la vulnerabilidad. Rendirnos al dolor y a la gracia del duelo nos permite curarnos día a día, poquito a poco. Al final, seremos lo bastante fuertes como para pensar en crearnos un nuevo tipo de vida. Una vida sin nuestro ser querido pero una vida con sentido a pesar de todo.

Cultivar. Si te hallas en un proceso de duelo, por favor, encuentra el apoyo que necesites para desplazarte naturalmente a través de dolor hasta la gracia de la sanación.

∽

Escribir es una forma de liberación que limpia el alma y calienta el corazón.

LA AUTORA

Cultivar. Cuando experimentes resistencia en tu interior (o cualquier otro sentimiento incómodo o limitante) intenta escribir un poema o un párrafo sin censura. Sencillamente deja que las palabras fluyan. Después de escribirlo pregúntate. «¿Quién ha escrito esto?». Con mucha frecuencia tratamos de evitar aquellos aspectos de nuestro ser que resultan poco agradables, pero que también necesitan ser amados. A continuación pregunta: «¿Qué es lo que quieres y necesitas?». Dale lo que anhela del modo que mejor sepas. Mi Reina del Drama quería un público entregado pero alegre. Después de su soliloquio dramático recibió un prolongado aplauso del auditorio que yo había reunido. Fue divertido y las carcajadas que se produjeron después se llevaron mi resentimiento, mi resistencia y mi mal humor.

El pesar es un guía tremendamente fiel.

JAN ESHER

Contemplar. Permítete recordar cariñosamente un tiempo (puede ser ahora mismo) en el que tu corazón estaba abrumado por la pena. ¿A qué crecimiento o a qué bendiciones has sido conducido, a resultas del dolor? Tómate unos instantes para sentir la gratitud por haber sido guiado por el Pesar.

Cuando evitamos ser vulnerables, invertimos nuestra energía en las defensas.

JACK SCHWARZ

Contemplar. En el libro *A Course in Miracles* (Curso de milagros) se afirma: «En mi indefensión descansa mi seguridad». La próxima vez que te descubras a ti mismo construyendo defensas, haz una pausa, respira profundamente unas cuantas veces y pregúntate qué vulnerabilidad se halla tras las protecciones que estás erigiendo. Ama, nutre y sostén a tu yo vulnerable, a la vez que dejas caer las defensas.

∞

Si la baraja está trucada en tu contra, deja de jugar.
AUTOR DESCONOCIDO

Cultivar. Por mucho que lo intentemos, hay algunos juegos que no podemos ganar y gente a la que no podemos convencer. Si te hallas enredado en una situación sin salida, deja de jugar. Cierra las cartas perdedoras y suelta la tristeza y la frustración crónicas. Entrégale la situación a Dios y sé libre.

∞

Vuelve tu rostro hacia la luz y las Sombras caerán detrás.
EDGAR CAYCE

Cultivar. Angustiarse implica haber perdido de vista la fe y la confianza. ¿En qué o en quién confías? Vuelve conscientemente el rostro a la fuente de luz que sea más significativa para ti y pídele que se ocupe de la causa de tu preocupación. Los amigos pueden ayudarnos a girarnos hacia la luz de la confianza. Si estoy desasosegada a causa de alguno de mis hijos, por ejemplo, mi amiga Judith me recuerda que están al cuidado de Dios y que sus almas son perfectas e íntegras a pesar de lo que pueda parecer en este plano terrenal. Judith me ayuda a volverme hacia la luz que hay dentro de mí, lo que hace que las sombras caigan a mi espalda y anima a la confianza y la esperanza a regresar a mi corazón.

∞

No te sientas total, absoluta e irrevocablemente responsable de todo. Ese es mi trabajo.
Con amor, Dios.

Autor desconocido

Contemplar. Libérate conscientemente de una responsabilidad que no te corresponda a ti manejar. Di lisa y llanamente «no».

∽

Triste alma, consuélate,
no olvides que la salida del sol
aún no nos ha fallado nunca.

Celia Thaxter

Cultivar. En una inquieta noche de insomnio, permanece a propósito despierto para contemplar la salida del sol e invitar a nacer en tu corazón y tu alma a la esperanza del amanecer perpetuo.

∽

La más importante de todas las virtudes es el valor, porque sin el valor no se puede practicar ninguna otra virtud de manera consistente.

Maya Angelou

La esperanza reside en el centro
de un corazón tierno, pero valeroso.

La autora

Cultivar. Nombra y reivindica al menos un valeroso cambio de actitud, acción o reacción que hayas hecho en los últimos meses. Felicítate por el coraje que tuviste entonces y elige confiar conscientemente en que ese mismo valor estará dentro de ti en cualquier momento que lo necesites.

∽

Y todo estará bien. Y todas las clases de cosas estarán bien.

Santa Teresa de Jesús

Cultivar. Repite, canta, recita o pronuncia en silencio la bella afirmación tranquilizadora de Santa Teresa cuando los pensamientos negativos o el miedo perturben tu paz mental.

∽

*No hay nada
que el cielo
no cubra,
y nada
que la tierra
no sostenga.*

Chuang Tse (369-286 a. de C.)

Contemplar. Elige confiar en la verdad del mensaje de Chuang Tse y la esperanza crecerá sin trabas.

Pensamientos en torno a la aceptación y el perdón

Hay que aceptar lo que venga, y lo único importante es afrontarlo con lo mejor que tengamos para dar.

Eleanor Roosevelt

Contemplar. A veces lo mejor que tenemos para dar es la esperanza de que de algún modo sobreviviremos. Aceptar nuestros sentimientos, sean cuales sean, nos prepara mejor para afrontar valerosamente lo que viene y cosechar finalmente compasión y sabiduría de la experiencia.

*Ver lo pequeño
se llama claridad.
Mantenerse flexible
se llama fortaleza.*

LAO TSE

Contemplar. La flexibilidad del sauce le garantiza que permanecerá fuerte y entero por brusco que sea el viento. La flexibilidad adquirida al aceptar graciosamente las circunstancias nos da la fuerza para permanecer erguidos y esperanzados tanto en la calma como en el caos.

Muchos de los regalos de la vida vienen en envoltorios andrajosos.

LA AUTORA

Contemplar. Mira retrospectivamente a alguna de las bendiciones de tu vida cuyo aspecto, al principio, era más bien el de un montón de basura. ¿Qué sorprendentes dones vinieron como resultado de esas desgarradoras y astrosas experiencias? (Yo pienso en la autoestima y la nueva dirección en la vida que emergieron del dolor del divorcio).

Cultivar. ¿Quedan aún cabos sueltos por atar de aquellos regalos con envoltorios andrajosos? ¿Residuos de agradecimiento que no ha sido expresado o personas que todavía no han sido perdonadas? Si es así, ultima el paquete.

~

*Donde hay humanos
encontrarás moscas
y Budas.*

KORBAYASHI ISSA

Contemplar. Cuando una persona irritante zumbe a tu alrededor, imagínate que se trata de un Cristo o un Buda camuflado.

~

El fuego destruye aquello que lo alimenta.

SIMONE WEIL

Contemplar. Pensar en el mal que te han hecho y en la gente que lo ha causado atiza los fuegos de la cólera, el resentimiento, el miedo y la desesperanza. Pide que el espíritu del perdón se lleve los sentimientos que te tienen como rehén. Purifica tu corazón, tu mente y tu espíritu para recibir sentimientos, actitudes y creencias que te aporten amor, esperanza y gozo. Ábrete a tu propia liberación a través del perdón a los demás.

~

Ser ofendido no tiene importancia a menos que continúes recordándolo.

CONFUCIO

Puedes concentrarte en lo que alguien ha hecho y vivir en un infierno o puedes pasarlo por alto.

MARIANNE WILLIAMSON

Contemplar. Obsesionarse por la conducta de otras personas es sumergirse en la amargura y la impotencia. No podemos hacer nada con respecto a lo que hicieron o están haciendo, pero podemos hacerlo todo respecto al objetivo de nuestra propia atención. Haz que tu mente cambie de canal: del de los pensamientos e ideas irritantes al de las personas y cosas que te animan y aligeran tu visión de las cosas.

Pensamientos sobre la gratitud y el gozo

Lleva un diario de gratitud. Cada noche, enumera cinco cosas por las que te sientas agradecido. Tendrá el efecto de cambiar tu perspectiva del día y de la vida.

OPRAH WINFREY

Cultivar. De este tema, ya se ha hablado lo suficiente.

Diez mil flores en primavera, la luna en otoño, una fresca brisa en verano, la nieve en invierno. Si tu mente no está empañada por cosas innecesarias, esta es la mejor estación de tu vida.

WU-MEN (Antiguo sabio chino)

Contemplar. ¿Cuál es la cosa más valiosa que hay en esta estación de tu vida? Deja que tu mente se aquiete y se aclare, como un lago alpino tras una tormenta, y dedica algunos instantes a mirar en sus profundidades para apreciar los dones más preciosos de esta estación y dar gracias por ellos.

∽

Benditos aquellos que pueden dar sin recordar y tomar sin olvidar.

Elizabeth Bibesco

Cultivar. Haz una buena obra anónima cada semana. Todos pronunciamos cotidianamente la palabra «gracias». Es un gesto amable y cortés. Hoy, sin embargo, da las gracias de corazón por algo recibido, acompañándolas de contacto visual y una sonrisa sincera.

∽

Aquel que se ata a un gozo
destroza la alífera vida;
pero aquel que besa el gozo al vuelo
vive en el amanecer de la eternidad.

William Blake

Contemplar. Mañana, antes de levantarte de la cama —y todas las mañanas que te acuerdes—, comprométete a percibir y besar los gozos que vuelen a tu alrededor durante el día.

∽

El júbilo es lo que nos sobreviene cuando nos damos permiso para reconocer lo bien que de verdad va todo.

Marianne Williamson

Cultivar. Piensa al menos en tres cosas que ahora mismo sean realmente buenas para ti, tu familia, tus amigos y en el mundo. Celébralas con un trozo de chocolate, una canción de agradecimiento, una oración o tres hurras.

∞

Nos ganamos la vida con lo que obtenemos, nos hacemos una vida con lo que damos.

Sir Winston Churchill

Cultivar. Hoy, dale a tu vida un acicate prestando algún servicio de mayor o menor envergadura.

∞

Nuestra conciencia puede compararse con un terreno que contiene muchas semillas de gozo y de sufrimiento. Es importante acariciar las semillas de gozo que hay en tu interior, regarlas cada día. Y podemos pedirle a alguien a quien amemos: «Por favor, abstente de regar las semillas de la ira y del desaliento que hay en mí. En lugar de ello, reconoce las semillas de júbilo y de paz, y riégalas». Esta es una práctica amorosa muy importante.

Thich Nhat Hanh

Cultivar. Conspira con un ser querido para crear un bello jardín regando las semillas de esperanza y gozo que hay dentro de cada uno de vosotros. Utilizad para ello una vasija llena de amor hasta los bordes.

∞

¡Qué vida tan maravillosa he tenido! Solo me gustaría haberme dado cuenta de ello antes.

Colette

Cultivar: Haz una lista (mentalmente o por escrito) de las alegrías y portentos que has podido echar de menos en el pasado y que ahora disfrutas. En lugar de contar ovejas para dormirte, reconoce todas las cosas maravillosas que han sucedido (dentro y fuera de ti) durante el día. ¡Apreciar cada día contribuye a lograr una vida maravillosa!

Pensamientos sobre la esperanza y el aquí y el ahora

La felicidad es una actitud del presente, no una condición futura.

Hugh Prather

Contemplar. Tómate unos instantes para comprobar cuál es tu actitud ahora mismo. Si albergas la creencia de que «serás feliz o en cuanto que… o si pasa tal o cual cosa», vuelve tu atención hacia el presente. ¿Por qué te podrías sentir feliz en este instante?

¡Ahora o nunca! Hay que vivir en el presente, lanzarse con cada ola, encontrar la eternidad en cada momento.

Henry David Thoreau

Contemplar. Se dice que una gota de agua contiene todo el océano. Pregúntate: ¿En qué minúsculo milagro podría concentrarme para que este momento de mi vida se colme de eternidad?

No te es dado elegir cómo vas a morir. O cuándo. Solo puedes decidir cómo vas a vivir. Ahora.

JOAN BAEZ

Contemplar. Si supieras que vas a vivir solo unos cuantos mañanas, ¿qué cambiarías hoy?

∽

Cada hermosa flor, cada generoso fruto está presente en las semillas de hoy.

LA AUTORA

Contemplar. En la expresión de nuestro yo saludable e íntegro, la esperanza crece abundantemente. Medita, en silencio y soledad, sobre las semillas que esperan en tu interior, anhelando florecer y dar fruto. ¿Qué aspecto creativo desea expresarse, qué servicio ansía ser prestado, qué actitud aspira a reflejar la belleza de tu alma?

∽

Lo que te hace falta no es sino paciencia; o vamos a darle otro nombre más fascinante, llamémosle esperanza.

JANE AUSTEN

Cultivar. ¿Qué nidos de positividad infunden esperanza y paciencia en tu corazón? ¿Un determinado lugar de la bella Madre Naturaleza? ¿Un amigo, un grupo de amigos o una empresa comunitaria? Piensa en personas, lugares y actividades esperanzadas y optimistas. Visita uno de ellos durante esta semana. Por ejemplo, puedes querer dejarte caer por un parque infantil y observar la alegría y la inocencia de los niños. Tú eres el que sabe lo que alimenta tu corazón y tu alma… ¡Date un festín!

∽

*La esperanza, al igual que la centelleante luz de una velita,
embellece y anima nuestro camino;
y a medida que la noche se hace más oscura,
emite un rayo más brillante.*

Oliver Goldsmith

Cultivar. Manda conscientemente un rayo de esperanza y amor a alguien que tenga el corazón dolorido. Imagina que el calor de tu intención traspasa su tristeza y le aporta un pequeño incremento de paz a su día.

La primera esperanza de nuestro inventario —la esperanza que incluye a todas las demás y al mismo tiempo las trasciende— debe ser la esperanza de que el amor va a tener la última palabra.

Arnold J. Toynbee

La garantía de que el amor tiene la última palabra en nuestro mundo es que florezca en cada corazón individual. Hoy podemos aportar nuestro grano de arena valorando la vida, caminando en paz y viviendo en el amor. Nuestro sagrado propósito es abrir los corazones a una creciente capacidad de amar, y derramar ese amor y esa compasión sobre nosotros mismos, nuestro círculo de familiares y amigos y la comunidad en un sentido más amplio. Sembrando las semillas del cambio positivo en nosotros y en el mundo, creamos un entorno en el que la esperanza —y todo lo que es bueno, verdadero y bello— puede prosperar.

Para concluir, permitirme que me despida con una bendición que anime a vuestros corazones a florecer llenos de esperanza.

Bienaventurados los que cultivan...
- La bondad.

Vive bondadosamente contigo y con el prójimo.
- La gratitud.

La gratitud es la gracia; la energía de Dios dentro de nosotros.
- La generosidad.

Difunde generosidad y perdón sin límites entre aquellos que te fastidian.
Incluido tú mismo.
- Graciosa aceptación.

La aceptación graciosa nos da fuerza y flexibilidad, y engrasa el engranaje de la vida.
- Risas.

La risa ilumina incluso los rincones más oscuros
porque ellos tendrán Esperanza.